移动时代的新闻传播理论与实践研究

魏 瑾 著

中国商业出版社

图书在版编目（CIP）数据

移动时代的新闻传播理论与实践研究/魏瑾著．—北京：中国商业出版社，2021.12
ISBN 978-7-5208-1927-5

Ⅰ．①移… Ⅱ．①魏… Ⅲ．①新闻学—传播学—研究 Ⅳ．①G210

中国版本图书馆 CIP 数据核字（2021）第 241592 号

责任编辑：滕 耘

中国商业出版社出版发行
（www.zgsycb.com　100053　北京广安门内报国寺 1 号）
总编室：010 - 63180647　编辑室：010 - 83118925
发行部：010 - 83120835/8286
新华书店经销
昌昊伟业（天津）文化传媒有限公司印刷

*

787 毫米×1092 毫米　16 开　6.5 印张　140 千字
2021 年 12 月第 1 版　2021 年 12 月第 1 次印刷
定价：49.80 元

* * * *

（如有印装质量问题可更换）

前　　言

新闻传播已迈入移动互联网时代，移动化传播对新闻传播各个环节乃至整个新闻业都产生了深远的影响，成为新闻传播发展的大趋势。对此，迫切需要及时思考、总结、更新新闻传播理论，更好地探索利用移动传播的新途径。针对传播者和内容、媒介和机构、经营和管理等方面的新问题，本书关注移动互联网环境下新闻传播的理论与实践研究，以期为寻找新的研究方向提供启发和思考。

移动互联网时代的新闻传播改变了新闻传播者的传统构成，许多新闻单位以外的机构和个人也成为新闻传播者。由此大大提高了新闻传播的广度、深度和速度，拓展了新闻传播的全面性和群众性，同时也带来虚假、不良、侵权内容的泛滥，以及过度娱乐化等问题。不同的新闻传播者有不同的传播动机和行为，不同的传播内容和质量，不同的传媒素养和新闻素养。因此，明确各自的权利和义务，提高有关素养，提升传播水平，成为移动互联网时代优化新闻环境和传播活动的重要任务。

本书在编写过程中，参阅了许多著作和教材，汲取了众家之长，在此向各位作者谨表谢意。限于学术水平和写作水平，书中的错讹之处在所难免，敬盼广大读者批评指正。

作者

2021 年 10 月

目 录

第一章 传播的定义与传播方式 ·········· 1
第一节 "传播"概念的界定 ·········· 1
第二节 自我传播与人际传播 ·········· 4
第三节 群体和组织传播 ·········· 8
第四节 大众传播 ·········· 11

第二章 传播学的创立及发展 ·········· 16
第一节 传播学的奠基 ·········· 16
第二节 传播学的创立 ·········· 21
第三节 传播学的发展 ·········· 23
第四节 传播理论的主要模式 ·········· 26
第五节 传播学与新闻学的关系 ·········· 34

第三章 传播过程各环节的分析 ·········· 37
第一节 传播者分析 ·········· 37
第二节 传播内容分析 ·········· 42
第三节 传播媒介分析 ·········· 48
第四节 受众分析 ·········· 54
第五节 传播效果分析 ·········· 59
第六节 传播过程中的反馈 ·········· 65

第四章 移动新闻传播 ·········· 70
第一节 移动时代新闻理论与实践新问题 ·········· 70

第二节　移动传播时代的新闻价值问题 …………………………………… 74
第三节　移动传播时代的新闻真实及其实现 ……………………………… 80
第四节　移动时代的价值观传播 …………………………………………… 89
第五节　移动新闻传播力和影响力 ………………………………………… 92

参考文献 …………………………………………………………………………… 96

第一章 传播的定义与传播方式

第一节 "传播"概念的界定

要学习有关传播的知识,首先应对"传播"这一基本而重要的概念有较为清晰的认识。在《现代汉语词典》中,对"传播"一词是这样解释的:广泛散布。但是我们发现,这一定义对人类社会中很多传播现象是不能适用的,传播学意义上的"传播"更是超越了这一定义。汉语的"传播"一词对应于英语的"communication"一词。而"communication"在英语中有"传播、通信、交流、会话、交通、交往"等丰富的含义,不难发现,这一单词与"community"(社区)一词有着共同的词源"communis",来源于拉丁语。因而二者的含义有着紧密的联系,正如著名传播学者威尔伯·施拉姆所说:"没有传播,就不会有社区;同样,没有社区,也不会有传播。使人类有别于其他动物社会的主要区别是人类传播的特定特性。"[1]

从词源学角度的探究无疑为我们理解"传播"提供了一个很好的角度。而要为其下一个科学而公认的定义,也实属不易。据统计,仅国外学者给"传播"这一概念所下的定义,就有近百种之多。归结起来,大致可以分为以下几个大的方面[2]。

一、强调传播是信息的共享

此定义所关注的正是"communication"与"community"有共同的拉丁词源。社区

---

[1] 威尔伯·施拉姆,威廉·波特. 传播学概论. [M]. 陈亮,李启,周立方,译. 北京:新华出版社,1984:3.
[2] 沃纳丁·塞弗林,坦卡特. 传播学的起源、研究与应用 [M]. 陈韵昭,译. 福州:福建人民出版社,1985:6-7.

是人与人所组成的共同的生活空间,传播则是人与人交往中所发生的普遍性的行为。二者所共有的特征便是"共同、共享"。如:"传播就是使原为一个人或数人所独有的化为两个或更多人所共有的过程","可以给传播下一个简单的定义,它即是对一组告知性符号采取同一意向"。而我们必须清楚,这里的共享有两方面的含义:一方面是指符号的共享,共享的符号是交流的物质性基础,没有符号,人与人之间便谈不上交流、传播;另一方面是意义的共享,因为符号总是蕴含着一定的意义,而符号的意义由于民族、地域、社会阶层的文化差异也必然会不尽相同。如"龙"这样一个符号在一个中国人和一个外国人那里,所唤起的内心情感可能是完全不同的。

二、认为传播应是有意图的影响

不难发现,人的有些行为是带有某些意图而有意做出的,这些行为就包含了行为者某种影响的愿望,如父母对孩子的训斥。而有些行为则是人无意识做出的,它们可能不会对别人产生影响,也可能产生影响。有些学者则认为,一切传播都应该具有一个基本性质:劝服别人的意图。诸如以下定义:"传播是某个人(传播者)传递刺激(通常是语言的)以影响另一些人(接收者)行为的过程","所有传播行为都旨在从特定人物(或一群人)引出特定的反应"。这种定义为判定一个行为是不是传播行为提供了一个很好的依据,即此行为是否对传播者产生了影响。然而,有时这种影响是很难判断的,并非所有的传播行为都能收到立竿见影的效果。如"耳濡目染"这个成语所指出的,人的行为改变往往是一个长期而缓慢的过程。还有,有的行为带有一定的传播意图,而单纯因其没有产生任何效果,便判定不是传播行为,也是值得讨论的。

三、认为传播包含了任何一类的影响或反应

这种定义从最广泛的层面上去理解传播。如:传播是"一个心灵影响另一个心灵的全部程序";"传播是个人或团体通过符号向其他个人或团体传递信息、观念、态度或情感";"从最普遍的意义上说,传播是一个系统(信源),通过操纵可选择的符号去影响另一系统(信宿),这些符号能够通过连接它们的信道得到传播"[1]。从这种角度来看,一个传播过程,是传播者使用各种手段、利用各种符号去影响接收者的过程,

---

[1] 丹尼斯·麦奎尔,斯文·温德尔. 大众传播模式论[M]. 祝建华,武伟,译. 上海:上海译文出版社,1987:5.

无论有无效果，也无论效果是明显的还是隐含的，是即刻的还是长期的。

四、认为传播是一个双向的交流过程

以上定义几乎都包含着这样一种认识：传播是一个传播者有意去影响接收者的单向的行为过程。而一些学者认为，传播行为并非止于接收者对于信息的接收，而应该包含接收者向传播者发出的信息反馈过程，如"传播可定义为通过讯息进行的社会的相互作用"。更有甚者，有学者主张要区分一次次单独的传播行为是不可能的，因为传播是一个传播者影响接收者，接收者反馈传播者，传播者根据反馈调整传播，再影响接收者，如此往复的一个无尽的循环过程。这样的认识虽然不无极端，但也有一定的道理。

可以看出，由于关注点的不同，对"传播"这一概念所得出的认识也会有所差异。不同定义各有所长。如第一类定义所关注的是传播发生的时空，而第二类定义所着眼的是传播的影响。因而，我们便能从更多的角度去对传播行为进行认识，进而加深对传播行为、传播过程的理解。

尽管无法给"传播"下一个统一的定义，但通过以上分析，我们可以看出"传播"概念具有以下内涵：传播是一个信息流动的过程，由甲到乙，由乙到甲、到丙……正是信息的不断流动，才形成、建立了人与人之间的关系；传播必须在一个共享的空间内进行，共享包括符号和意义两方面的共享，有了这样一个共享的空间，符号才能流动，意义才能扩散，人与人之间才能形成交流；传播必须建立在一定的社会关系之上，人与人的社会关系是产生传播行为的根源，而不断进行的传播行为又在不断塑造、产生着人与人之间新的社会关系；传播是一个双向互动的行为，以往的研究总是关注传播者在传播行为中的主动地位，忽略或者弱化接收者对传播过程的影响，自从有学者开始重视接收者的信息反馈对传播行为的重要作用，更多的人越来越倾向于把传播看作一个双向的互动行为，而且是一个螺旋式的前进过程，一次传播行为总是能够诱发下一次的传播行为。这一点在两个人的谈话中表现得最为突出，如果甲的谈话能够在乙那里得到共鸣，那么他们的谈话将越来越融洽；反之，如果乙对甲的谈话总是置之不理，那么两人之间的谈话将无法再进行下去。此外，信息接收者也越来越被重视，因为他们在传播过程中不再被认为是处于绝对的被动地位，他们甚至决定着整个传播行为的进展。我们从这些年报纸、电视开设越来越多的读者（观众）参与节目就可以感受到这种观念的转变。

至此，可以给"传播"概念做出这样的界定：传播是建立在一定社会关系之上的、在一定的共享空间中的人运用各种符号（图像、文字、声音等）与他人进行的信息双向交流过程。

有了这样一个大致的认识，下来我们进入对人类传播行为的认识。

第二节　自我传播与人际传播

人类传播活动多种多样。从不同角度入手，可以划分为不同的传播类型。例如从传播媒介的角度可以分为口语传播、文字传播、视觉传播、电子传播等，从传播者的角度可以分为人际传播、组织传播等，从传播效果的角度可以分为强效果传播、弱效果传播等。这些传播类型只是人为区分的结果。事实上，同一个传播行为可以被划分为几种传播类型，而且，作为人类传播活动总系统的组成部分，这些传播类型又呈现出相互交织、相互衔接的状态。

从传播者和接收者的角度划分，人类传播方式大致可以划分为自我传播、人际传播、群体和组织传播以及大众传播四大方式。其中，大众传播将是我们关注的重点。

一、自我传播

自我传播又可称为内向传播、人内传播或自身传播，它指的是个人接收外部信息并在人体内部进行信息处理的活动。人体生理学、心理学知识告诉我们，每个人都是一个处理信息的有机系统。我们每天都通过眼、鼻、口、耳、皮肤从外界接收到形形色色的信息，然后通过神经系统，将这些信息传到大脑这个信息处理中心，再由大脑分析、处理，最后对外界做出反应。如下面这样的过程：

（1）一件事发生了……

（2）这一事件刺激 A 先生的眼、耳或其他感觉器官，造成……

（3）神经搏动到达 A 先生的大脑，又到达他的肌肉和腺体，这样就产生了紧张、未有语言之前的"感觉"……

（4）A 先生开始按照他惯用的语言表达方式把这些感觉变为字句，而且从"他考虑到的"所有字句中……

（5）他"选择"，或者抽象出某些字句，并以某种方式安排这些字句，然后……

（6）通过声波和光波，A 先生对 B 先生说话……

(7) B 先生的眼和耳分别受到声波和光波的刺激,结果……

(8) 神经搏动到达 B 先生的大脑,又从大脑到达他的肌肉和腺线,产生紧张（张力）、未讲话之前的"感觉"……

(9) 接着 B 先生开始按照他惯用的语言表达方式把这些感觉变成字句,并且从"他考虑过的"所有字句中……

(10) 他"选择",或抽象出某些字句,并以某种方式安排这些字句,然后 B 先生相应地讲话,或做出行动,从而刺激了 A 先生或其他某人。

这样,传播过程就继续进行下去。①

这是一个很好的例子,可以让我们观察和理解信息是如何在一个人自身进行传播的,同时为我们后面将要分析的人际传播提供了一个基础模式。无论是 A 先生还是 B 先生或者任何一个人,他们对从外界获得的信息的处理方式基本都是相同的,将处理的结果转化为下一步行动的指令。这样一个从接收刺激到做出行动指令的过程,就是我们所说的自我传播。

人的身体是一个信息传播系统。而按照系统论的看法,任何系统都必须与外界其他系统进行信息交流才能维持自身的存在,而且系统本身必须能够对外界信息进行处理。人的感觉系统是接收信息的装置,神经系统是信息的传输装置,大脑是信息的储存和处理装置,肌肉、神经及声带等器官又可以作为信息的输出装置。人作为社会性的存在,必须处在同他人的一定的社会关系之中,因而人必定总是处于与外界、他人的不断的信息交流过程中。这就是人的自我传播的基本结构和过程。

自我传播确立了人类思维的绝对优势。动物从外界获得刺激,通过简单的信息分析并对之做出行动反应,但那只是在简单的生存适应层面上进行的。人则具有更高级的意识、分析能力,并能控制自身意志力,发挥出其主观的能动性,从而达到改造外在世界的目的。

从辩证唯物主义观点来看,自我传播不外乎个人内部的意识、思维或心理活动。这个过程是由以下几个主要环节或要素构成的。

(1) 感觉——分为视觉、听觉、嗅觉、味觉、触觉,等等。

(2) 知觉——即感觉的集合,或在感觉的基础上对事物的分散的个别信息属性进行的综合。知觉的过程,就是对事物整体的感性信息进行综合把握的过程。

(3) 表象——记忆中保存的感觉和知觉信息在头脑中的再现。

(4) 概念——对同类事物共同的、一般属性的认识。

---

① 威尔伯·施拉姆,威廉·波特. 传播学概论 [M]. 北京:新华出版社,1984:55.

(5) 判断——对事物之间的联系或关系进行定性的思维活动，它是在驾驭表象和概念进行分析的基础上产生的。

(6) 推理——从已知的事物属性和关系中推导出未知的事物属性和关系的思维活动。①

以上是人的认识发展的一般过程，这个过程的每一个阶段无不是建立在人的自我传播基础之上的。此外，人的内心还具有丰富的情感活动，并对人的理性认识产生着重要的影响。

国外的社会心理学家还从自我传播的角度对人的自我意识、社会意识的形成作了非常有意义的探索。例如，美国学者米德认为，每个人的自我都可以分为相互联系、互为作用的两方面：一方面是作为意愿和行为主体的"主我"（I），我们可以透过它认识外在世界；另一方面是作为他人的社会评价和社会之期待的代表的"客我"（Me）。也就是说，每个人都通过自己的社会实践认识到自己与他人共同且平等地生活在这个世界上，与他人时刻发生着不同的社会交往。人的自我意识就是在"主我"与"客我"的不断产生中形成的。换句话说，人的心灵在不断地进行着"内部的对话"，一边从事着社会活动，一边又不断地对自己的行为进行着分析与评价。

另一个很有影响的理论是戏剧理论。该理论认为，人的生活空间和戏剧的舞台有着很大的相似性。每个人都在自己的生活舞台上扮演着自己的角色，而且一个人所扮演的会是很多不同的角色。例如一个已婚中年男人，面对妻子，他是丈夫的角色；面对儿女，他是父亲的角色；面对父母，他是儿子的角色；面对同事和朋友，他又是同事和朋友的角色；等等。不同的环境会要求不同的角色，而不同的角色又被赋予了不同的表现期望。自我的表现很大程度上就是对自我印象的控制。

自我传播对个人的重要性由此可见一斑。经由自我传播，个体的人得以不断地认识世界、他人，并通过认识以达到对世界、他人的理解，最终结果是走向自我理解，体现出人生存的本质特性：通过物质的交往达到更高层面的精神交流。

二、人际传播

前面所举的例子及论述实际上已经涉及人际传播。人际传播的前提就是自我传播，因为每个人都是一个微观的信息处理系统，个体与其他个体进行信息的交流，就产生了人际传播。

---

① 郭庆光. 传播学教程 [M]. 北京：中国人民大学出版社，2001：76 - 77.

可以说，人际传播是人日常生活中最常见、最频繁、最直接的传播现象。例如，谈话、打电话、信件来往，甚至课堂讲课都是人际传播的具体表现形式。社会生活的丰富性决定了人际传播的多样性与普遍性。对于很多人来说，没有什么比与他人保持或建立良好的、有意义的联系更为有趣和重要的事情了。我们常说的人际关系指的就是这样一种有意义且较为持久的联系。而传播正是所有关系的共同点。通过人际传播，人们之间不仅建立和保持着一份关系，同时也可以收回或结束一份关系。

那么，人与人为何要建立相互间的关系呢？也就是说，人际传播行为的动机是什么？

社会是人与人生存的共同体，并给生活于其中的个体提供饮食、居住等生存的基本需求和安全等基本保障。与此同时，社会这个共同体的维持又需要每个社会化的个人去付出自己的努力，例如为社会创造价值和财富，与他人和平相处，遵守社会的伦理规范、法律准则，等等。马斯洛的心理需求理论告诉我们，每个人都有从低到高不同层面的需求，从生存的物质层面到精神层面，大致可以分为生理的需要、安全的需要、归属与爱的需要、尊重的需要、求知与理解的需要、审美的需要和自我实现的需要七个层次①。可以说，正是这些需要决定了人与人之间交往的发生与持续。

每个人所处的社会关系都不尽相同，因而拥有着不同的社会资源。要获取更多的信息，个体的人必须与他人建立关系以交换进而共享这些资源。也就是说，"人们倾向于在能发展自我利益的情况下，同某些人发生某些传播行为"②。与他人的交流是一个人生存、发展的必然选择。尤其在当今社会，人们对信息的需求越来越大，对其依赖性也越来越强，人每天的生活、生产、社会交往都决定了人与人之间要发生错综复杂的关系。

与他人建立长期而良好的协作关系，也是人际传播的重要动机。前面说过，社会是人组成并生存其间的共同体，这一共同体的维持、发展需要人与人之间进行生产协作，例如，社会行业的划分和社会职业的差异，任何一个行业都无法在孤立中发展，都必须与其他行业保持形形色色的联系。这种联系主要是通过人际传播进行的。

归纳起来，人际传播具有以下特点。

（1）传播行为的随机性。人的日常生活丰富多彩，势必要与很多人产生联系，无论是熟识的还是陌生的。因此，在任何社会场合，都会有人际传播行为的发生，而且

---

① 欧阳仑，王有智. 新编普通心理学［M］. 西安：陕西师范大学出版社，1998：371-372.
② 迈克尔·E. 罗洛夫. 人际传播——社会交换论［M］. 王江龙，译. 上海：上海译文出版社，1997：3.

具有极大的随机性。

（2）传播过程的快捷、及时。人际传播是人与人之间面对面进行的，传、收双方处于一个同时的空间里，而且主要是通过口语和体态表情进行。这些传播符号转瞬即逝，意义容易流失，因此人际传播过程必须快捷、及时地进行，才能保证意义的完整传递。

（3）反馈迅速。由于传播过程的迅捷，传播者很快就能通过言语答复、面部反应等方式收到从接收者发出的信息反馈。例如，两个朋友之间的谈话，如果甲总是在滔滔不绝地讲一些自己感兴趣的话题，而乙表现得兴致不高、心不在焉，虽然没有说什么，甲还是可以透过乙的反应感到自己的传播不够成功。

（4）传播过程易于控制。由于反馈迅速，使得传播者不断有机会检讨传播的效果，并对自身的传播行为进行改正、调整，如此才能维持传播的持续进行。对于接收者来说也是如此。

第三节　群体和组织传播

一、相关概念

人总是生活在一定的群体之中。例如一个家庭、一座村庄、一个公司、一个政府部门等都可以称为群体。"群体是人的集合。但是群体又不是随机地把各个独立的人集合在一起就可以了。相反，它是由一群通过语言或非语言进行交流、彼此都扮演着某种相关角色，为了一个既定目标而合作的人们组成的。"[①]

在群体内部，每个人都与他人形成较稳定的交往关系，在目标的取向上有某种共同性，如共同的利益、关系或兴趣；另外，群体内的个人都有某种共同的主体意识，主要体现为"我们"，如"我们某地人""我们公司同事"这些言语，体现了群体具有心理上的认同机制，只不过不同群体内这种认同的强弱有别罢了。

群体是介乎个人与社会之间的联系纽带。它是社会的组成部分，并在一定程度上具有社会的特征。一个人必定归属于特定的群体，在群体中，个人得以完成其社会化的过程，也即完成对社会的认识，并使自己形成社会规范和行为准则。此外，群体还通过内部的角色分工促进人际传播的不断进行，以培养人与人之间的团结、协作，给

---

① 特里·甘布尔，迈克尔·甘布尔. 有效传播［M］. 北京：清华大学出版社，2005：251.

人提供生存的物质需求、心理上的安全感以及人的社会归属感。

组织与群体有些相似，但也有所差异。可以说，所有的群体都有一定的表现形态，根据这种表现形态，可以将群体分为组织群体和非组织群体两大类。与群体一样，组织也是社会系统中的中观系统，其规模大于个人而小于社会。人都处于一定的群体之中，但不一定属于某一个组织。

既然有组织群体和非组织群体的差异，那么什么是组织呢？

广义上的组织是指"任何由若干不同功能的要素按照一定的原理或秩序相组合而形成的统一整体"，例如细胞组织、人体组织等。而我们所使用的是狭义上的组织概念，它指的是"人们为实现共同目标而各自承担不同的角色分工，在统一的意志之下从事协作行为的持续性体系"[①]。相较于非组织的群体，组织的结构秩序更为严密，内部结合更加紧密，整个组织也具有更加明确的目标、制度规范，其成员之间的分工更加明确，联系也更为频繁和稳定。我们可以以社区和公司为非组织群体和组织群体的代表，观察、思索二者的诸多差异。

二、群体和组织传播的分类与作用

无论是群体与群体、群体与成员之间，还是组织与组织、组织与成员之间，都在进行着信息的传播、互动，这就是群体传播和组织传播。这两种传播在很多方面有着相似性，因此我们可以对这两种传播行为进行综合考察。总的来看，二者都可以分为内传播和外传播两个大的方面。

（一）外传播

外传播是指群体与群体、组织与组织之间的传播。从社会结构组成来看，大的社会系统是由无数小的群体和组织共同组成的。从社会的发展进程来看，现代社会生产的高速发展所带来的一个重要后果就是社会分工越来越细，使得不同组织、部门之间的联系越来越紧密，这就要求任何群体和组织必须不断地与其他群体和组织进行信息交流，一方面可以保证自身在越来越激烈的市场竞争中得以生存，另一方面也可以在整体上去促进社会的发展。例如，古代的一位农夫，他可以独自从事农业生产过程中的任何一个环节——从播种谷物到将谷物磨成粮食，他自然不需要与其他人发生太多的联系。而如今，同样的整个过程早已被细分为很多环节，如购买种子、租机器播种、收割、将粮食出售、用换来的钱去满足其他生活需求等，每个环节都意味着与他人的紧密联系。

---

① 郭庆光. 传播学教程 [M]. 北京：中国人民大学出版社，2001：99-100.

群体和组织都具有重要的社会功能,是将个人与社会联系起来的中介,它们有助于社会秩序的维持和稳定。因此,群体和组织的外传播活动具有重大的社会意义。具体说来,有如下几个主要方面。

1. 促进个人群体、组织意识的发展

群体和组织的建立基于其内部成员的共同意识,在与其他群体和组织进行信息传播时,内部成员会因为需要密切接触和合作而得到某种程度的满足,进而对其所属的群体和组织产生认同感。

2. 建立规范,保持群体、组织的稳定

规范是指群体、组织成员在活动中必须遵守的规则,它可以协调成员的活动、规定成员的角色和职责,通过规范的贯彻执行保证群体、组织的整体稳定,同时可以将群体内的意见分歧和争论限制在一定范围之内,并保证群体、组织活动的效率。

3. 沟通信息,维持稳定

这是相对于社会范围所说的。社会生产的专业化程度越来越高,生产过程不断细化,导致越来越多行业群体、组织的出现,信息的传播成为必然,通过信息传播,整个社会结构得以维持着稳定。

(二) 内传播

内传播是指在群体、组织内部所进行的传播。任何群体、组织都有一定的结构,如群体成员有相对近似的行为方式、价值观念等,组织内部有专业化的部门分工、不同成员的职务分工及岗位责任,以及组织系统的层级制或等级制。群体、组织的任何活动都与一定的信息传播活动相联系。例如,一个公司内部从上至下有工作任务的传达,从下至上有信息的汇报、反馈,部门与部门之间还有信息的横向流动,这几种传播渠道的通畅与否直接关系到群体、组织的统一性和运作效率,这些现象都属于内传播。

首先,群体、组织的内传播最主要的作用就是保持群体、组织的内部协调,以此保证群体、组织结构的稳定。由于群体、组织内部会有成员的角色分工并且存在着系统的层级制,每个部门和岗位都执行着一定的信息处理职能,各环节通过信息的传达和反馈相互衔接,形成一个整体。

其次,群体、组织的内传播能够发挥指挥管理、决策应变的作用。社会永远处于运动和变化之中,这决定了群体、组织也必须不断在运动变化中应对随时会出现的新问题。有新的情况出现,群体、组织就应对其进行监督、检查,并采取一定的实施方法,应对外界的变化。

此外,内传播还能促进成员间的团结,加深成员的群体认同,形成共识。共识的形成本身就是群体、组织内不断进行传播互动的结果,而成员间的共识是维持群体、组织结构稳定的重要基础。

三、群体和组织传播的特点

相较于人际传播，群体传播和组织传播呈现出诸多特点。归纳起来，有如下几个方面。

（一）规范性

前面提到，人际传播的发生具有很大的随机性。群体、组织由于具有一定的结构等级，因此，群体、组织的信息传播有极强的规范性。每个成员都从属于特定的群体、组织，承担着某种组织任务，因此必须遵守一定的行为规范、价值准则，甚至道德观念。

（二）组织性

组织性是与规范性紧密联系在一起的。群体、组织的传播活动都是为了维持群体、组织的结构稳定，同时，在其成员间所唤起的共同意识也有利于群体、组织的稳定。

（三）传播形式的多样性

群体、组织传播可以通过书面媒体如文件资料、报告、公告等进行，还可以通过各种会议、群体、组织内媒体如报纸、电台、电视台、局域网络等进行，传播方式多种多样，可以视具体情况而定。

第四节　大众传播

一、相关概念

大众传播是现代社会最为重要的传播现象，对社会生活产生着巨大的影响，也是我们学习传播学知识要关注的重点。报纸、书刊、广播、电视、互联网是大众传播的主要表现形式。大众传播活动渗透到了社会的各个角落及社会生活的方方面面，极大地塑造着社会生活的存在面貌。

要认识大众传播现象，首先需要对大众传播的定义有一个较为清晰的认识。对此，学者们也给出了各种各样的定义。具有代表性的如下。

大众传播是"人类社会信息交流的方式之一，职业工作者（记者、编辑）通过机械媒介（印刷媒介、电子媒介）向社会公众公开地、定期地传播各种信息的一种社会性信息交流活动"①。

大众传播是指"特定的社会集团通过文字（报纸、杂志、书籍）、电波（广播、电视）、电影等大众传播媒介，以图像、符号等形式，向不特定的多数人表达和传递信息的过程"②。

大众传播，就是在现代化的印刷、银幕、音像和广播等媒介中，通过公司化的财务、产业化的生产、国家化的官职、高科技、私人消费化的产品等形式，向某种未知的受众提供休闲式娱乐和信息的过程与产品。③

通过以上几种定义，我们可以看出，大众传播与前几种传播方式最主要的区别之处，在于一个信息中介机构——大众媒介（报纸、杂志、书籍、广播、电视以及互联网）——的出现。而"当我们谈到大众媒介，通常指的是中间插进了用以重复或传布信息符号的机器和由编辑人员的诸如报纸或电台之类的传播组织的传播渠道"④。因而，大众媒介成了判断大众传播行为的重要标准。大众传播也由此被视为"一种普遍现象的特殊形态，在其中，发送者、讯息和接收者等要素具有独特的性质与意义"⑤。

二、大众传播的特点

由于大众传播的极大发展，当今社会呈现出更多的复杂性，信息也相较以往占据了越来越重要的地位。要对大众传播有一个更深入全面的认识，仅仅通过简单的定义是不够的，我们还必须从大众传播的特点上去把握它。

总的来说，相较于其他传播方式，大众传播具有如下特点。

（一）存在着有组织的信息传播中介机构，如报社、出版社、电台、电视台以及网站等

这些传播机构主要从事信息的生产——从采集到发布传播的全过程，其从业人员经过专业的训练，应该掌握一定的信息生产传播技巧——如采访、编辑加工、写作、新闻制作等，从事组织有序的传播活动，并且遵循特定的组织传播目标，将信息产品作为商品出售，从中获得利润，维持自身的生存发展。而前面所讲的人际传播以及群体传播活动中，不存在这样的专业传播机构。

---

① 刘建明. 宣传舆论学大辞典 [M]. 北京：经济日报出版社，1992：290.
② 沙莲香. 传播学 [M]. 北京：中国人民大学出版社，1990：145.
③ 约翰·菲斯克. 关键概念 [M]. 北京：新华出版社，2005：158.
④ 威尔伯·施拉姆，威廉·波特. 传播学概论 [M]. 北京：新华出版社，1984：122.
⑤ 丹尼斯·麦奎尔，斯文·温德尔. 大众传播模式论 [M]. 祝建华，武伟，译. 上海：上海译文出版社，1987：1.

（二）通过特定传播媒介进行的大规模生产、复制的传播活动

前几种传播活动的传播媒介也可以多种多样，如书面印刷媒介、口头声音媒介等，但传播信息多出于特定目的，多为一次性传播，传播范围也很有限；大众传播主要运用印刷媒介、电子媒介进行，有很高的技术要求，如报纸的激光排版、电脑编辑，电视的非线性编辑制作以及有线电缆、无线通信卫星传播，互联网的技术要求就更不用说了，这是基于技术的充分保证。大众传播的信息可以被大量生产和无限复制，进而达到广泛传播，从速度、规模和速率上都远远超过前几种传播方式。

（三）信息接收者具有多、杂、散、隐匿等特点

信息接收者在传播学术语中被称为"受众"。从理论上讲，对大众传播媒介来说，传播出去的信息会被社会中各种各样的人所接收到，他们的成分混杂。另外，受众的多寡还是衡量传播活动成功与否的重要标准。而人际传播及群体、组织传播的传播对象一般较少，而且传播对象要明确得多。

（四）呈现出很强的单向性

人际传播、群体（组织）传播大都目的明确、对象明确，而且信息接收者一般在场，因此这几种传播的信息反馈会很快被传播者所接收到。大众传播也存在信息反馈，但这种反馈通常比较慢，并非即时的、直接的，随着技术手段的不断提高，如今大众媒介都在加强信息的反馈采集，如通过发短信、打电话等方式。另一方面，受众只能在大众媒介所提供的信息范围之中接收信息，体现出一定的被动性，也使得大众传播具有信息传播的单向性。

（五）它是一种制度化的传播活动

制度化包含有两方面的含义，一是指大众传播媒介传播活动的制度化。每天的特定时刻，不同的大众媒介组织都会将信息传播出来，节目设置比较固定，内容上大体相近，媒介组织都具备一定的传播制度。二是指大众媒介及其活动与社会生活之间的关系。大众媒介在现代社会中扮演着极为重要的角色，对社会大众、政府部门都产生着较大的影响，因此"无论在哪个国家，都会把它纳入社会制度的轨道"①。对于任何一个社会来说，大众传播都与政治、法律、经济、文化等制度结构一道成为整个社会不可或缺的组成部分。这一点，我们可以从不同国家规定有不同的大众传播制度看

---

① 郭庆光. 传播学教程［M］. 北京：中国人民大学出版社，2001：112.

出来。

以上五点分析可以帮助大家准确认识大众传播。下面便一起来了解一下大众传播活动的功能和作用。

三、大众传播的功能

传播的功能是指传播行为所具有的能力及其对人和社会所起的作用或效能。自从传播学诞生以来，有很多学者都对它的功能进行评说，其中最早的当数美国学者拉斯韦尔，在1948年发表的《传播在社会中的结构与功能》一文中，他认为传播有三种明显的功能[①]。

（1）监视环境：人生存于社会之中，只有及时了解、掌握、适应外在自然及社会环境的情况，才能更好地生存；同时，国家政府也需要通过掌握信息以掌控社会各方面的运转。

（2）协调社会：现代社会的社会分工不断加剧，各组织部门之间的依赖、联系也在加深，信息越来越起着社会各组成部分之间进行沟通、协调的桥梁作用。

（3）文化传承：人类社会的不断发展建立在对前人遗产的继承和创新之上，无论是社会的物质生产还是民族的精神文化，继承与创新都要通过一定的传播活动进行。

拉斯韦尔的研究为大众传播功能的研究奠定了基础。后来的学者正是在他的基础上对之进行补充丰富，如赖特的四功能说——环境监视、解释与规定、社会化功能、提供娱乐，施拉姆更是从经济功能、政治功能及一般社会功能三个方面对大众传播的功能做出了全面的解说。

一般认为，大众传播的功能主要有如下几个方面。

（1）提供信息：大众传播媒介的出现就是为了满足社会日益增长的信息需求，因此，提供信息是大众传播活动的主要功能。

（2）环境监控功能：对于个人和政府来说，都需要通过获取信息以认识社会，实施调控。

（3）沟通功能：大众传播为社会各部门、各行业间提供各种信息，互通有无，加强彼此间的联系。

（4）教育功能：这主要体现为大众媒介及其传播活动对人的成长、学习有着重要的作用，例如儿童的社会化越来越通过大众媒介进行。

---

① 奥利弗·博伊德·巴雷特，克里斯·纽博尔德. 媒介研究的进路[M]. 汪凯，刘晓红，译. 北京：新华出版社，2004：111-112.

（5）娱乐功能：娱乐也成为近些年大众媒体关注的重要方面。这不仅体现为娱乐内容在大众传播信息中占据着越来越大的比重，而且表现在对新闻信息的趣味化处理上，从中可以反映出大众对娱乐的普遍追求，大众传播能很好地满足受众的这方面需求。

第二章 传播学的创立及发展

本章首先回顾传播学作为一门科学学科所经历的发展过程,包括它的奠基、创立以及发展,传播学领域中的重要学者以及他们的主要理论贡献。其次,是对传播学主要理论模式的介绍和简单评价。最后,通过传播学与新闻学关系的探讨,进一步理解传播学作为一个社会科学基础学科的重要作用,以及传播学对新闻学学习的重要意义。

第一节 传播学的奠基

一、传播学的出现原因及研究对象

传播学是研究人类社会信息传播活动的科学,它的任务是对人类一切形式的传播行为及其规律进行探索,对传播与人和社会的关系进行系统的梳理,是一门涉及行为科学和信息科学的交叉学科。传播学作为一门独立的学科诞生于 20 世纪 40 年代的美国。它是人类信息传播研究进入到成熟阶段,能够利用自己的学术范畴、研究方法,进行全面、系统而深入的科学研究的结果。人类社会是建立在人们利用符号进行互动的基础上的,虽然人类的传播活动与人类的文明历史一样古老,但人类对其自身的信息传播的研究直到 20 世纪初期才初步开始。

传播学的出现有深刻的社会、时代背景,一些重要因素直接促成了传播学研究的展开。

第一,大众传播事业的迅猛发展形成了传播学研究的方向。在 20 世纪初期,西方国家的报刊、电影等大众传播已经开始普及，大众传播对社会起着越来越重要的作用，广播作为新的传播媒介也越来越受到重视，许多社会科学学者开始从各自的学科出发，把大众传播作为一种重要的社会现象加以研究。

第二，政治动荡和战争频繁的时局确定了传播学研究的内容。20世纪上半叶是世界范围内经历着战争和动荡的时代，尤其是在两次世界大战中，战争双方都充分利用各种传播媒介进行战争宣传。信息宣传对人和组织的心理影响开始受到人们的关注，传播效果研究因此成为早期传播学研究的重点内容。

第三，商业竞争的需要为传播学研究的迅速发展提供了经济推动。许多报纸和广播电台为了获得更多的经济利益，都极力赞助传播学研究，以为自身的管理、经营提供决策。

除此之外，传播学的出现也是社会学科自身发展的必然结果。

诸多相关学科的发展为传播学研究奠定了基础。社会学科的产生与社会发展有着密切的关系。从19世纪中期到20世纪初，西方社会发生了极大的结构变革，与此相应，社会学科和人文学科都获得了极大的发展，如19世纪发现的三大学说——进化论、能量守恒定律和细胞学说，以及现代心理学（尤其是巴甫洛夫的条件反射理论和奥地利精神分析学家弗洛伊德的心理分析法）、现代社会学、政治学、文化人类学和19世纪末建立的新闻学等，这些学科都不同程度上为传播学的建立奠定了基础。尤其是新闻学，更是直接促成了传播学的出现。关于二者的关系，后面还要专门进行论述。

因此，传播学具有多学科综合而成的特点。这种多学科交叉性，使传播学成为边缘学科。它既属社会科学，又被视为人文科学，而且带有自然科学的痕迹；它既有传播学自己的理论范畴、学术话语，又更多地借用了其他学科的理论范畴。因此，不同学科的学者都可以从自己的角度研究传播学，从而使传播学的研究成果异彩纷呈、各成体系。

传播学是自改革开放后被引入我国的。整个20世纪80年代，中国学者们都在介绍西方的传播学说，直到90年代初开始，出现了将西方传播学说与中国现实相结合的学术研究。传播学得到了本土化的实践，并取得了很多成就。

传播学的研究对象，大体可以分为以下三个部分。

第一部分，人类传播行为的发生与发展。也就是说，传播学研究人类传播的历史。人类从蛮荒年月进化到高科技时代的今天，其传播活动的产生、演化、进步对我们社会进程和文明积累是重要的、不可或缺的。这是传播学研究的中心议题之一。对人类传播发生、发展的历史研究设计的范围非常广泛，其中重要的包括传播思想的发展、传播实践的发展、传播技术的发展等。我们可以对整个人类传播的各组成要素进行这种历史研究和文化分析。

第二部分，人类的各种传播形态。传播形态是指人类传播活动的不同类型，也就是我们前面所提到的人际传播、群体和组织传播、大众传播等。它们对社会生活发挥着不同的功能。因此，传播学必须研究这些传播形态的结构、功能及传播特点等。到目前为止，已有相当多的学者对各种传播形态进行过研究。例如传播形态的研究（即人们的内向交流、人际传播、群体传播、组织传播、大众传播）、跨文化传播以及新闻、舆论、宣传、广告、公关、营销等的研究。

第三部分，人类传播的过程（结构）。所有人类传播活动都可以视为一个动态的过程或稳定的结构。从普遍意义上，对人类传播活动的过程进行研究，是传播学的深化研究，即深刻地研究传播活动的本体运动。

对传播活动过程进行研究，就是探讨传播的本质。从人类传播的内在机制和外在联系以及各种传播要素的相互关系中，探索和揭示人类传播的本质和规律，将整个传播现象作为理论研究的基本对象，发展传播理论，这是我们界定传播学研究对象的根本目的，也是我们进行传播学研究的目标。

二、传播学的四位先驱及其理论成果

在传播学的创立过程中，有四位重要的先驱人物，他们以自己的研究活动从不同方面共同促进了传播学的创立。他们分别是：哈罗德·拉斯韦尔、库尔特·卢因、卡尔·霍夫兰和保罗·拉扎斯菲尔德。

（一）哈罗德·拉斯韦尔

哈罗德·拉斯韦尔（1902—1978），著名的政治学家、社会学家、传播学者。1926年，他在芝加哥大学获得博士学位。1927年，出版了他的博士论文《世界大战中的宣传技巧》，该书描述和分析了第一次世界大战中各个交战国所使用的宣传技巧和效果，认为宣传能产生很大的社会影响力，对当时的宣传研究影响很大，此书也成为传播学领域的经典著作。1935年，他与人合写了《世界革命的宣传》和《宣传与推行》两本书，对宣传的功能和社会效果进行科学的研究。1946年，他还在《宣传、传播和舆论》一书中第一次明确地使用了"大众传播学"概念，并分别阐述了传播过程中"渠道"、"传播者"、"内容"和"效果"等关键要素，为他后来对传播过程的研究奠定了基础。拉斯韦尔一生共发表600多万字的著述，还有《世界历史中的宣传与传播》。

他的理论贡献中最为人所熟知的莫过于他对传播过程中五个环节（要素）的分析，

以及他对传播的三项重要社会功能的总结。在其1948年发表的《传播在社会中的结构与功能》一文中，他最早以建立模式的方法对人类社会的传播活动进行了分析。他认为对任何传播行为的分析都可以概括为一句话："谁（Who）？说了什么（What）？通过什么渠道（Which Channel）？给谁（to Whom）？取得了什么效果（What Effect）？"① 这五个方面是任何一个传播行为所应当具备的，而且，从中可以引申出控制分析、内容分析、媒介分析、受众分析和效果分析五大研究课题，界定了传播学的研究范围和基本内容，对传播学研究产生了深远的影响。上面的那句话也被人称为"拉斯韦尔公式"或"5W"模式。

（二）库尔特·卢因

库尔特·卢因（又译作"勒温"）（1890—1974），著名的社会心理学家。他原在柏林大学任社会心理学教授，1933年去美国，1944年在麻省理工学院创立了群体动力研究中心。自此，群体力学及群体传播成为他研究的重点领域，例如群体归属关系和群体规范对个人态度和行为的制约问题等，开创了群体传播中的经典试验。

他认为，人的行为环境是一个相互依赖、相互作用、相互影响的动力整体，整体中的每个人的心理态度、行为方式都不可避免地受到其所处情境群体整体的强烈影响。他还将心理学知识引入传播学研究，用以研究群体生活的方式、途径，以及群体对个人的观念、动机、愿望、行为和情绪的影响。

除此之外，卢因对信息传播研究的重要贡献便是提出了"把关行为"和"把关人"概念。在第二次世界大战期间，美国政府鼓励公众食用动物内脏。卢因通过研究后发现，家庭主妇对其家庭成员的食物摄取，扮演着犹如足球运动的守门员角色：她们会决定是否将动物内脏推销给她的家人。以此为出发，他在《群体生活的渠道》一文中指出，在信息的传播过程中也存在类似的情况，大众媒介在新闻信息的流通过程——选择、加工、制作和传播环节中所扮演的正是"把关人"的角色。这个理论后来成为揭示新闻或信息传播过程中的内在控制机制的一种重要理论。

（三）卡尔·霍夫兰

卡尔·霍夫兰（1912—1961），著名实验心理学家。第二次世界大战爆发后，霍夫兰受聘为美国陆军新闻与教育署心理研究室主任，运用实验测验法主持研究了一系列军内教育电影对战争宣传与美军士气所起的作用和效果，例如利用《我们为何打仗》

---

① 丹尼斯·麦奎尔，温德尔. 大众传播模式论[M]. 上海：上海译文出版社，1987：16.

《英国之战》等宣传影片对美国陆军的2000多人进行了"士气"效果的调查研究。霍夫兰的态度改变研究发现了一些说服与态度改变之间的关系的规律。这是采用心理实验方法进行大众传播研究的最早范例。战后，他将研究成果整理为《大众传播实验》一书出版。

1953年，霍夫兰又与人合著出版了《传播与说服》一书，此书主要论题是关于说服理论，其中涉及一系列命题，引发了传播学更加广泛深入的研究，直接影响了传播研究对传播社会效果的重视。其中包括：信息来源的信誉特征，包括权威性、专业性、知名度、接近性等方面；信息是诉诸感情更有效果，还是诉诸理性更有效果；是说一面道理更有效果，还是说两面道理更有效果。他通过研究后发现，两种方法都有效果，不同的是，对于原来持反对意见的人，讲正反两面道理，有助于使他们改变看法；对于有知识的人，讲两面道理比讲一面道理更容易说服他们；对于毫无知识的人，用讲一面道理的方法则更有效。

霍夫兰对传播学研究的主要贡献在于，一是将心理实验方法引入了传播学领域，二是他的效果研究揭示了传播效果形成的条件制约性和复杂性，这些开拓性的研究结论对后来的效果研究产生了十分重要的作用。

（四）保罗·拉扎斯菲尔德

保罗·拉扎斯菲尔德（1901—1976），著名社会学家。1925年，他毕业于维也纳大学，获数学博士学位，后来对社会心理学和传播研究产生了浓厚兴趣。1935年，他流亡美国，主持了普林斯顿大学的广播研究所的研究工作，进行了一系列的听众调查和研究。1939年，该所迁往纽约哥伦比亚大学并改名为"应用社会研究所"，他的研究也由广播研究转向更广泛的传播学研究。

拉扎斯菲尔德是传播学四大先驱中对传播学发展影响最大的一位。其主要理论贡献在于提出了"二级传播"理论和"舆论领袖"概念。1940年，拉扎斯菲尔德和贝雷尔森等人在美国俄亥俄州伊里县就总统竞选宣传进行了传播效果研究史上著名的"伊里调查"。研究发现，大众传播并非像先前人们想的那样具有左右人们选择的重大作用，决定选民投票决定的有众多因素，如先前的政治倾向、受众对不同媒介或信息内容的选择接触情况、"舆论领袖"在人际传播中的重要作用等。根据这项调查，他们还提出"二级传播"理论，认为大众传播要想发挥影响，必须通过"舆论领袖"这一传播中介。"二级理论"后来还发展为"多级理论"。这次调查研究是传播效果分析的里程碑。

在研究方法上，拉扎斯菲尔德也作出了重要贡献。他更多地用实证和应用方法对传播学进行研究。他开创社会调查的数学模型，可以有效地进行社会传播的潜在结构和定量分析，不断改进抽样调查技术和量化分析方法，使传播学研究向着科学、客观不断靠近。

通过以上简单介绍可以看出，四位传播学的先驱由于不同的学科背景而形成了特定的研究视野，并提供了科学的研究方法，为传播学研究对象和方法的建立奠定了坚实的基础。同时，也给我们带来启示：作为多学科交汇的传播学，只有不断吸取其他学科的先进成果和科学方法，才能不断推动自身研究的深入。

第二节　传播学的创立

经过四位传播学先驱的努力，到了20世纪40年代后期，美国数学家香农和维纳分别创立了信息论和控制论两门学科，又为传播学研究提供了新的学科支持，此时，传播学作为一个特殊的研究领域已经充分发展起来。

信息论由美国工程师香农提出。他认为，信息不是单纯的物理信号，而是适用于自然界和一切社会领域的一个普遍概念。所谓信息，也就是"在人们需要进行决策之际，影响他们可能的行为选择的概率的物质——能量的型式"。简单地说，信息就是能够消除人们认识上不确定性的东西。只有获得了足够的信息，人们才能做出正确的行为决策。

通过对一个具有普遍意义的信息概念的界定，信息论使传播学者感受到了传播的普遍性，从而使人认识到，作为社会科学的传播学的任务，就是在考虑到人类的社会传播与其他形态的传播的共同规律的同时，研究和揭示人类传播的个性和特殊规律。这种认识大大开拓了传播学的研究视野。此外，香农还与他人共同提出了一个传播过程的基本模式，也给传播学研究以有益的启示。

控制论是关于系统内部秩序维持的一般法则的科学。按照其创始人维纳的观点，任何系统都是按照一定的秩序运行的，由于系统内部以及环境中存在着许多偶然和随机的扰乱因素，因此任何系统都具有从有序向无序、从确定状态向不确定状态的变化倾向。控制论的目的就是维持系统的有序和确定状态。为达到控制的目的，重要的方法就是信息反馈。也就是说，系统不断输出的信息反映了系统的内部状态，把这些输出信息的全部或一部分作为反馈信息回送到系统中，并对系统的运行进行再调整，就能起到系统控制的目的。

控制论思想对传播学研究产生了重大影响。例如，传播学中的制度与规范，传播法规、政策与管理，受众研究与传播效果研究等所有研究领域中，无不渗透着控制论的观点。而且，控制论对信息反馈的重视也对认识人类传播过程的双向性和互动性产生了积极的意义。

在这种背景下，美国新闻工作者威尔伯·施拉姆综合汇总了众多学者的传播研究成果，并致力于传播学的研究与教育，创立了真正意义上的传播学，成为传播学的集大成者，在传播学史中发挥着关键的作用。他曾经说过："传播学的研究就像一个十字路口，人来人往，非常热闹，但没有一个人留下来。"施拉姆留了下来，也因此成就了传播学这一新兴学科。

威尔伯·施拉姆1907年生于美国俄亥俄州，早年在艾奥瓦大学获得博士学位，后来在该校讲授文学创作。第二次世界大战期间，他曾应聘到美国国防部战争情报室工作，在那里开始与拉扎斯菲尔德和霍夫兰等人接触。1947年，施拉姆在伊利诺伊大学创办了世界上第一个传播学研究所，同时开设了硕士和博士学位教育课程。1950年，世界上第一个传播学博士学位在伊利诺伊大学获得通过，施拉姆成为该校传播系主任。到了1956年，他又创办了斯坦福大学传播学研究所。他曾于20世纪70年代末80年代初数次访华，是最早向中国介绍传播学理论的外国学者之一。1987年12月27日他在夏威夷逝世，享年80岁。

他参与编写了近30部论著，其中著名的有《现代社会的传播》《大众传播学》《传播过程与效果》《传播学概论》《大众传播媒介与国家发展》《报刊的四种理论》等。其中，1948年出版的《现代社会的传播》是传播学领域的第一本教科书；1949年出版的《大众传播学》标志着传播学的正式诞生。这些著述均被大量引用。他撰写的关于电视的6本著作和许多论文也是重要的著述，其中1961年发表的《电视对于少年儿童的影响》尤其受到欢迎。

作为传播学的奠基人和创立者，施拉姆对传播学所作的贡献是多方面的。

第一，整合和建立了传播学框架。他充分吸取了传播学四大先驱的研究成果，在此基础上经过整合，确立了传播学研究的基本框架。

第二，拓展了传播学学术领域。他提出了许多新的观点和见解，例如传播的直线性观点，阅读的"即时报偿"和"延缓报偿"的看法，教育传播中的"知识沟"问题，等等。他还探讨过大众传播对儿童成长、社会教育、社会生活和国家发展的影响，这些都大大地拓展了传播学的研究领域。

第三，奠定了传播学教育的基石。这也许是施拉姆对传播学作出的最大贡献。他亲手创办了一个调查中心和四个传播研究机构，有力地推动了美国大学传播学系的纷纷建立；他招收、指导、培养了许多传播学研究生，其中包括第一位大众传播专业的博士生，许多人后来成为传播学研究的重要人物，影响极大。

第三节 传播学的发展

传播学建立之后，许多学者都开始从不同角度出发进行研究，并且纷纷提出自己的理论主张，共同推进了传播学的发展。20世纪50年代是诸多传播模式建立的鼎盛时期。尤其是关于传播效果的研究，动摇了早先的"魔弹论"，出现了传播的"有限效果论"。

20世纪六七十年代是传播学研究突破传统局限，拓展范围，深化内容的时期。一方面，这时的传播学研究已从早期的对传播效果的研究拓展到对传播过程的各个方面的研究，包括传播产生的长期的社会、文化和意识形态效果；媒介组织及其同社会和受众的关系，受众对信息的选择和反应的社会基础与心理基础；特有的内容形式（尤其是新闻）的构造因素等。另一方面，由于传播学研究在世界范围内日益增长的影响力，世界不同地区开始出现不同的派别。

20世纪80年代以来，传播学研究进入当代发展时期，这一时期的传播学研究继承了70年代传播学研究领域扩大的传统，将传播学研究扩展到了政治、经济、文化等各个领域，相关的研究机构相继成立，科研队伍不断壮大，研究方法灵活多样，成果显著，传播学领域的研究专著大量出版，学术刊物纷纷创办。与此同时，传播学研究中的派别分流日益明显。在20世纪六七十年代开始出现的欧洲传播学派以其对社会文化的批判性备受人们的关注，被称为"批判学派"，与注重实证分析、强调传播实践的美国传播学派相对峙，人们称后者为"经验学派"。

一、经验学派

经验学派主要是指以美国学者为代表的主流传播学。该学派主张从经验事实出发，运用经验性方法研究传播现象，反对对社会现象做从观念到观念的纯主观抽象的说明，强调切实可靠的经验材料或客观观察、统计数据的重要性。经验学派认为西方社会是一个由多元利益相互竞争、相互制衡的社会，因而传播学的研究目的便是通过改变传播机制来实现社会的管理和改良，而不是变革现存资本主义制度。这种主张决定了经验学派不可能从批判的立场去研究资本主义社会的传播现象，而是对社会中一些不合理、不适当的地方进行局部的、表面的修补。

早期的传播学研究大都属于经验学派研究的范围，主要关注传播效果问题，如"二级传播"理论、"使用与满足"研究和"创新—扩散"传播过程研究，以及施拉姆等人关于电视对儿童生活影响的研究。经验学派研究主要集中在传播对人的行为影响方面，并为如何通过传播控制和修正人的行为提出解决对策，这都取得了很丰富的成果。

然而，经验学派也存在着以下严重的缺陷。

（1）社会现象和人的外在行为可以被观察、被测定、被量化，而人的许多精神和心理活动却是无法用具体数据能够说明的。

（2）经验研究所关注的是具体环境下小范围的传播现象和传播经验，而一旦涉及对宏观的社会结构和社会历史进行考察，则不具有很强的说服力。

（3）经验研究中的数据与结论之间的联系只是人为的理论假设，数据与数据之间的关系取决于观察者的理论视野，因此结论不具有绝对的确定性。

（4）尽管声称科学性，经验研究还是有很强的人为主观性。

二、批判学派

正是针对经验学派的研究缺陷，20世纪60年代，在传播学界出现了与之相对立的"批判学派"，其影响迅速扩大，与经验学派一起成为现代传播学研究的两大学派。

从广义上讲，批判学派是以一批欧洲学者为主形成、发展起来的重要社会科学学派，它与法兰克福学派是紧密联系在一起的。1923年，当美国开始传播的经验研究之时，一部分欧洲学者在德国的法兰克福建立了"社会科学研究所"，他们的目的是以马克思主义理论为武器，对资本主义社会进行批判性的分析研究。其代表人物有霍克海默、阿多诺、马尔库塞等人。后来，该研究所被迫迁到美国，直至1949年才重新迁回法兰克福，成为批判思想的发源地和理论据点。

由于以马克思主义政治经济理论为基础，批判学派因此认为资本主义制度及其传播制度本身就是不合理的，大众传媒在本质上就是少数垄断资本对大多数人进行统治的意识形态工具，为垄断资本家服务。和经验学派着眼于对传播进行控制、对社会制度进行改良不同，批判学派是以资本主义制度本身的变革为对象的，这是截然不同的两种社会观和意识形态立场。

三、发展传播学

除上述流派外,发展传播学也是当代传播学发展的重要领域。第二次世界大战结束后,许多发展中国家迫切希望加速国家发展,缩短与发达国家的差距。大众传播媒介就成为这些国家促进国家发展的重要工具,如何利用传播媒介推动国家发展成为发展传播学的重要问题。

美国社会学者勒纳1958年在《传统社会的消逝》一书中提出了关于大众传播与国家发展的基本理论模式。他认为,世界各国的发展道路都是从传统社会经过过渡性社会而进入现代社会的,在这个过程中,人类的传播形态是与社会发展水平相适应的,呈现出从口头的人际传播向社会的大众媒介发展的趋势。大众传播包含以下发展的特征:传播媒介越来越依靠高科技手段;受众的广泛化和多样化;传播内容由以传达政令为主转变为以传递信息事实为主,信息来源不再是主要来自社会的特权阶层,而是来自专业化的传播组织。

勒纳还认为,大众媒介的普及是推动社会现代化进程的重要因素。大众传播媒介可以帮助人们突破地理的限制,开阔视野,培养发展现代性格,向广大的社会阶层传递新事物、新形象和新信息,介绍新观念,倡导新的生活方式,促使人们打破传统观念的束缚,积极投入社会的现代化变革。

之后,传播学者施拉姆比较全面地提出了关于发展中国家利用大众传播事业促进社会发展的系统理论和发展建议。他认为,如果没有准确、有效、高速的信息传播系统,现代社会发展所需要的科技、教育、文化、政治、经济等各方面事业都无法得到顺利发展,而且发展中国家的传播事业与经济领域一样,处于不发达状态,这导致了全球信息流通的不平等状况。这是发展中国家面临的重大问题。

施拉姆还提出,传播事业在国家发展中具有守望、决策和教育的基本功能,这就为促进国家发展提供了有利的条件。发展中国家应当利用有限的资金和传播技术条件,培训专业化的传播人员,完善相关的法律法规,以争取最佳的社会经济效益。

在这种情况下,一些激进的学者侧重从社会的整体形态和结构,传播体系与政治、经济制度的关系,国际政治、经济秩序与传播秩序的关系等方面提出了新的见解。他们主张,任何国家的传播媒介都必须把本国的发展目标(经济的、政治的、文化的等)放在最重要的位置上,为国家发展提供帮助;传播媒介应当追求国家文化和信息的自主,而不应为了追求经济效益和商业利益损害这种自主;传播媒介应当通过信息传播支持国家的民主化进程,信息是一种国有资源,必须为深化国家目标服务。总而言之,媒介对社会、国家的责任优先于媒介自身的权利和自由。

可以看出，发展传播学提出了与传统新闻学完全不同的新闻观念，传统新闻观念往往把新闻看作一种可以自由获取的商品资源，而发展传播学则把新闻信息看作一种与国家发展息息相关的社会资源，应该对之严格控制。可以看出，发展传播学不仅是传播学理论创新的结果，也是传播实践面对时代提出的现实需要。在全球化趋势日益加剧的今天，它无疑对当前我国传播学研究和媒介的发展都有着重要的意义。

第四节 传播理论的主要模式

学习传播学理论，不可避免地要对传播理论模式有一个比较清晰的了解。存在众多传播理论模式也是传播学与其他学科相比一个鲜明的特点，这一方面说明了传播学发展的科学化追求，追求简洁、准确；另一方面也反映出传播学研究的复杂性和多元价值性。不同的视角会产生不同的理论主张，恰当的模式能有效地帮助我们认识、理解传播理论。

一、模式的概念以及对模式的评价

要了解传播模式，首先要认识什么是模式。模式通常被看作"用图像形式对某一事项或实体进行的一种有意简化的描述"①，通常可以通过简化的形式再现现实，是对现实的一种同构或者对现实的一种预期。

模式能够发挥多方面的功能。模式往往将它所要描述的问题视作处于一个系统内，一个模式试图表明该系统内的结构或者过程的主要组成部分以及这些部分之间的相互关系。模式对社会科学问题的研究具有一些鲜明的优点：首先，模式具有构造功能，以一般性图景提供一种整体的形象，包括系统内各个部分的次序以及相互关系；其次，模式具有解释功能，将复杂含糊的信息以简洁的方式描述和呈现给研究者；再次，模式能够发挥启发功能，即引导研究者关注某一过程或系统的核心环节；最后，模式具有预测功能，能在某种程度上提供事件的进程和结果，根据系统内的变化描述可能的结局。正是因为这些优点，人们在面对复杂的社会科学问题时，才能够引入模式对其

---

① 丹尼斯·麦奎尔，斯文·温德尔. 大众传播模式论 [M]. 祝建华，武伟，译. 上海：上海译文出版社，1987：2.

进行简约、鲜明、准确且具有普遍性和启发意义的研究。

传播是人与人之间的社会交往，是社会关系内部的一种凝聚力，很多情况下，它是无法被直接观察到的，而且没有明确和永久的形式。传播行为或是发生于可预见的关系结构中，或是随意偶然的发生，传播的结果充满着极大的不确定性。因此，模式对传播学的有用之处在于能够画一些"线条"来表示人们已知确实存在但无法看见的联系，并能用其他的手段来显示关系的结构、强度和方向。模式还有助于研究者用图像形式使传播过程中的某些因素固定化，以直观的图像代替抽象的表述。事实上，人们的思维也是沿各种各样的"模式"进行的。

对一个模式的评价有如下标准。

（1）普遍性：模式的普遍性如何？它组织的材料有多少，有效性有多大？

（2）启发性：模式的启发性如何？它对发现新的联系、新的事实或新的方法有多大帮助？

（3）准确性：由模式发展出的测量方法准确性如何？

（4）原创性：模式的原创性如何？它的现实性如何？它提供的新见识有多少？

（5）简约度：模式的简化程度和手段的经济性、简约性如何？

对模式及其功能进行界定之后，下面将对一些主要的大众传播模式进行介绍。

二、大众传播学经典模式

（一）直线模式

1. 拉斯韦尔的"5W"模式

美国政治学家拉斯韦尔在其1948年发表的《传播在社会中的结构与功能》一文中，最早以建立模式的方法对人类社会的传播活动进行了分析，这便是著名的"5W"模式（见图2-1）。"5W"模式界定了传播学的研究范围和基本内容，影响极为深远。

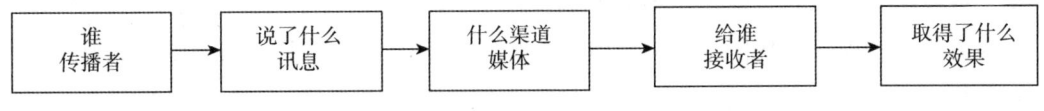

图2-1 "5W"模式

拉斯韦尔的"5W"模式的优点在于：

（1）第一次较为详细地、科学地分解了传播的过程。该模式第一次把人类传播活动明确概括为由五个环节和要素构成的过程，是传播研究史上的一大创举，使人们对于传播过程有了明晰的认识和了解。

（2）第一次明确界定了传播学的研究领域，为后来研究大众传播过程的结构和特性提供了具体的出发点。而大众传播学的五个主要研究领域——"控制研究""内容分析""媒介研究""受众研究""效果分析"，也是由这一模式发展而来的。

其缺点在于：

（1）该模式是线性模式，即信息的流动是直线的、单向的，没能注意到反馈这个要素，忽视了传播的双向性。

（2）忽视了传播过程要受到社会过程的影响。

（3）讯息在传播过程中的变化没有很好地体现出来。

2. 香农—韦弗的数学模式

1949年，信息论创始人、数学家香农与韦弗一起提出了传播的数学模式（见图2-2），为后来的许多传播过程模式打下了基础，并且引起人们对从技术角度进行传播研究的重视。

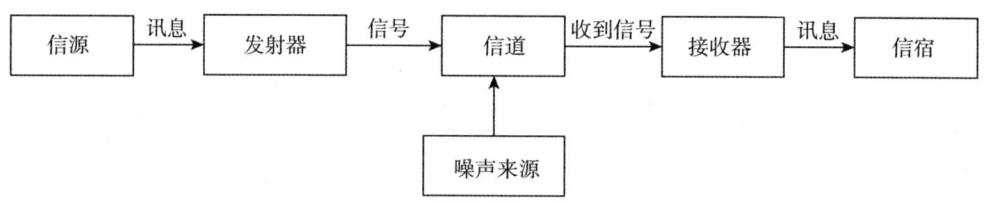

图2-2 香农—韦弗的数学模式

该模式的优点在于：

（1）引入"噪声"的概念。

（2）把讯息分成"发出的"和"接收的"两个部分。

（3）传播者和接收者角色的固定化。

该模式虽然为传播学研究带来了一种全新的视角，但它并不完全适用于人类社会的传播过程。它将传播者和接收者的角色固定化，忽视了传播过程中二者之间的转化；它未注意到反馈这一人类传播活动中极为常见的因素，因而也就忽视了人类传播的互动性。这些缺点是直线传播模式所共有的。

为克服线性模式的局限性，从20世纪50年代开始，出现了一批以控制论为指导思想的传播模式。这类模式的贡献在于：变"单向直线性"为"双向循环性"，引入"反馈"的机制，从而更客观、更准确地反映了现实的传播过程。

（二）循环或互动模式

1. 奥斯古德—施拉姆的循环模式

循环模式是施拉姆在奥斯古德提出模式的基础上提出的。1954年，施拉姆在《传播是怎样运行的》一文中，提出了这个新的过程模式，如图 2-3 所示。

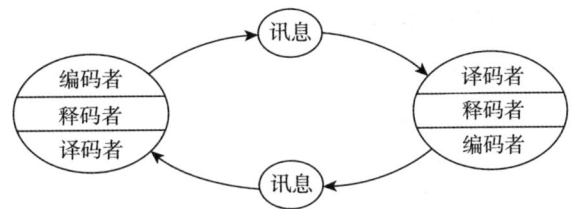

图 2-3 奥斯古德—施拉姆的循环模式

该模式的优点在于：

（1）突出了信息传播过程的循环性。

（2）强调传播者和接收者双方由于传播过程的循环而形成的相互转化，信息发射端与接收端是对等的，行使着相同的功能。

其缺点是：

（1）未能区分传播者和接收者双方的地位差别。在实际生活中传播者和接收者双方的地位很少是完全平等的。

（2）对大众传播过程不适用。这个模式虽然能够较好地体现人际传播尤其是面对面传播的特点，对大众传播过程却不适用。大众传播是一种单向的传播，接收者处于被动接受的地位。

2. 德弗勒的互动过程模式

在香农与韦弗的线性模式的基础上，1966 年美国传播学家德弗勒提出了互动过程模式，如图 2-4 所示。

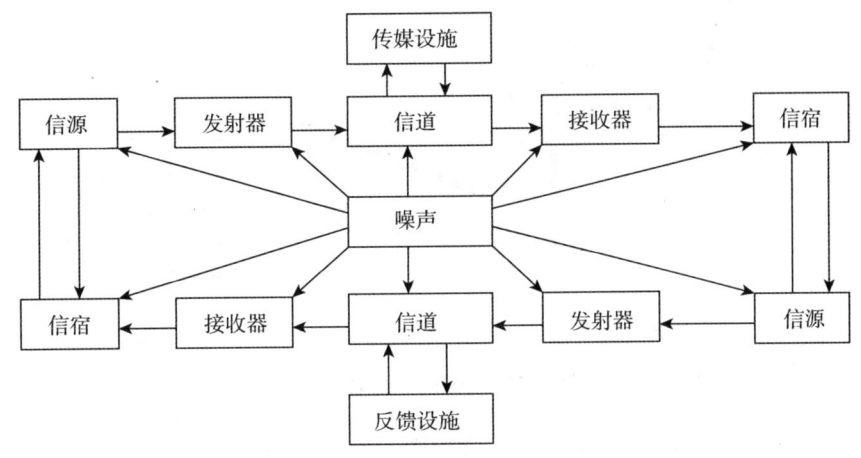

图 2-4 德弗勒的互动过程模式

该模式的基本观点是：大众传播是构成社会系统的一个有机组成部分。其优点在于：

（1）克服了香农—韦弗模式单向直线的缺点，引入了"反馈"的要素、环节和渠道，只有反馈才能消除编码与解码之间的不一致性，使传播过程更符合人类传播互动的特点。

（2）看到了大众传播媒介是传播过程中的一个重要组成部分，而且噪声在传播过程的各个部分都会存在。

（3）传播的双向性和循环性被表现出来了。

其不足在于：

（1）模糊了传播者和接收者之间的身份和机会。

（2）传播的双向、循环并不是一直不变地存在的。

（3）没能指出传播与社会大环境之间相互影响的关系。就传播来说，社会是整体，而传播组织、政府机构、文化环境、利益团体等是部分，作为一个组成部分，传播组织的活动必然要受到社会整体及其他各部分的影响。

3. 格伯纳传播总模式

美国大众传播研究者格伯纳一直在探索一种广泛适用的模式。1956 年，他首次提出了下面的总模式（如图 2-5 所示）。

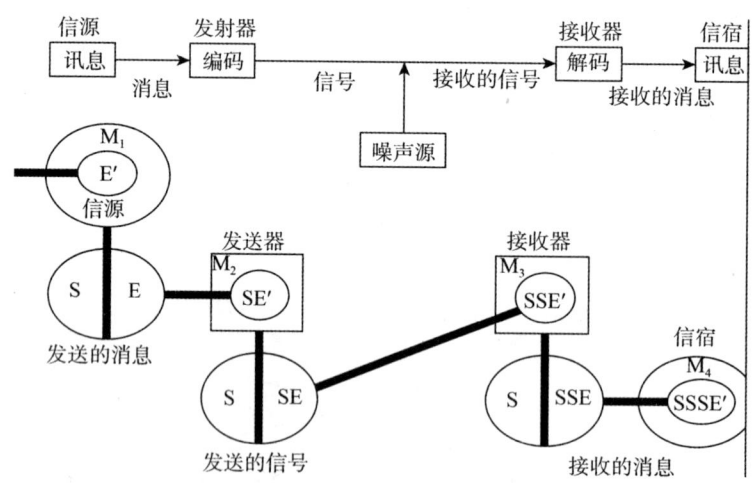

M—感知到信息的人或机器　E—事实或内容　E′—感知信息　S—信息形式

图 2-5　格伯纳传播总模式

他的模式有文字式的和图解式的。文字公式有以下 10 点：①某人；②感知某事；③并做出反应；④在某种场合下；⑤借助某种工具；⑥制作可用的材料；⑦于某种形式中；⑧和背景中；⑨传递某种内容；⑩获得某种效果。

格伯纳的模式明显受到拉斯韦尔模式的影响，而且比后者更加详细、周到。

该模式优点在于，充分考虑到了信息传播过程中形式内容的不断变化，这种动态的变化通常是在信息的传播过程中产生的。这一模式有很强的适用性，既可以描述人际传播过程，也能够描述机器如电脑的传播过程或人与机器的混合传播。它还说明人类传播过程可以被看作主观的、有选择性的、多变的和不可预测的，人类传播是一个开放性的大系统，传播是对纷繁复杂的事件、信息加以选择和传送的一种选择性的、多变的过程。

这个模式还会促使我们提出这样的问题：事实本身与媒介对事实的报道之间的一致性如何？媒介受众理解媒介内容的程度如何？

该模式只是对单向线性模式的改进，仍然缺乏对传播活动中反馈和双向性的描述，这是其不足之处。

4. 施拉姆大众传播模式

在奥斯古德模式的基础上，1954年施拉姆提出了下面的大众传播模式（如图2-6所示）。该模式的中心仍是媒介组织。

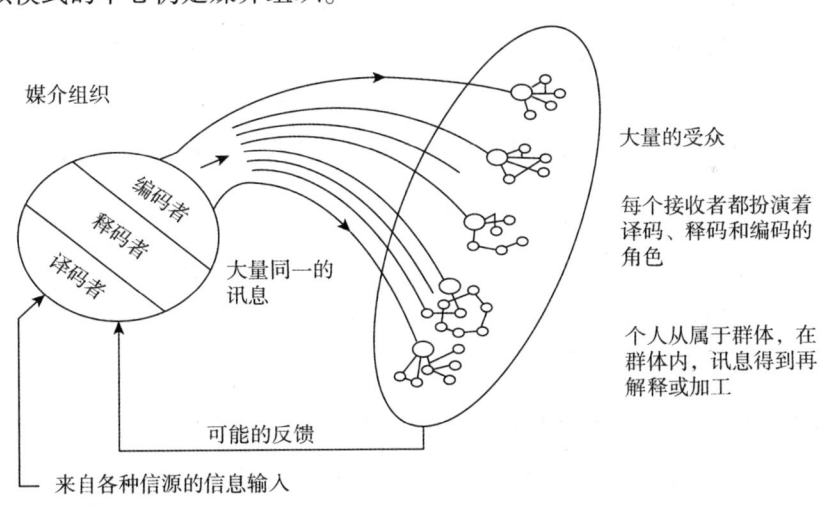

图2-6　施拉姆大众传播模式

该模式充分体现了大众传播的特点，它表明，构成传播过程的双方分别是大众传媒与受众，两者之间存在着传达与反馈的关系。作为传播者的大众传媒与信源相连接，又通过大量复制的讯息与受众联系。受众是个人的集合体，又会带有所属社会群体的特征。无论是个人与个人之间，还是个人与群体之间都保持着特定的传播关系。此外，该模式在一定程度上还揭示了社会传播过程中的相互连接性和交织性，已经初步具有系统模式的特点。

(三) 社会系统模式

从线性模式到控制论模式基本上解决了传播的要素，也就是传播的内部结构的问题，那么社会系统模式给我们带来的贡献就在于看到了传播与外部环境相联系的问题。例如，美国社会学家赖利夫妇1959年从社会学的角度提出来的社会系统模式就把传播过程置于社会总系统中。

1. 赖利夫妇的系统模式

赖利夫妇将传播过程看作庞杂的社会系统的一个子系统，同时对传播系统与社会系统之间的互动关系也进行了考察。他们的这种模式将大众传播研究带入了一个新的时代，如图2-7所示。

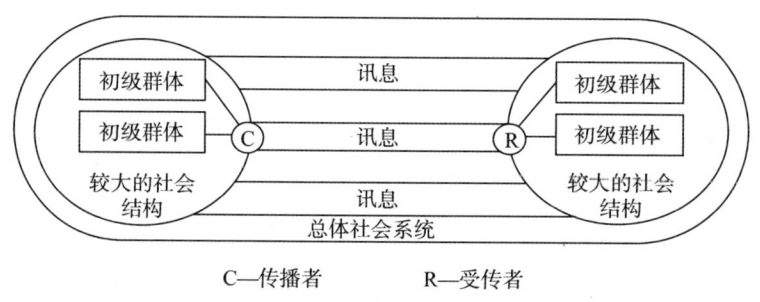

图 2-7 赖利夫妇的系统模式

该模式的基本观点是，大众传播是各种系统中的一个系统，传播过程是处于社会系统中并受其影响的一个子系统，所有的传播过程都可以看作一个系统的活动。传播系统既与社会中其他系统相联系，又具有自身相对的独立性。把传播过程放到整个社会系统中进行考察，确实是赖利夫妇的一大创举。

这样看来，传播过程中传播者和受传者双方都是具有人内传播的个体系统，这些个体系统之间相互影响，构成人际传播；个体系统又不是独立存在的，而是从属于各自的群体，这样，群体系统之间又形成群体传播；而个体系统、群体系统又都是社会的组成部分，它们总是在社会中运行，因而又与总的社会系统有着互动关系。

该模式的优点在于：

（1）包含了人际、群体、大众几种传播形态。

（2）将传播过程放置于社会大系统中，开始着眼于传播过程的宏观环境，并更多地对社会系统的整体环境加以研究，将传播过程放到整个社会系统运行的大框架中去把握，对大众传播研究启发很大。

缺点在于：赖利夫妇的系统模式仅仅是一个框架，并没有对框架进行具体、细致的分析。

2. 马莱兹克模式

在赖利夫妇模式的基础上，德国学者马莱兹克1963年在《大众传播心理学》一书中提出了新的系统模式，如图2-8所示。他从社会心理学角度切入，将社会系统与传播系统中各因素及其间的关系进一步细化，在一个包含了社会心理因素的各种社会作用力相互集结、相互作用的"场"中，对那些可能对传播各环节构成影响的因素进行了考察。研究表明，传播过程是一个受到社会诸多因素共同作用、影响的复杂过程。这些因素既包括个人性格、心理、社会环境等制约传播者与受传者的因素，也包括内容加工、受众选择等制约媒介与信息的因素；既包括各种显在的社会影响力因素，也包括潜在的社会心理因素。这些因素相互交织、相互集结，构成了复杂的社会传播系统。

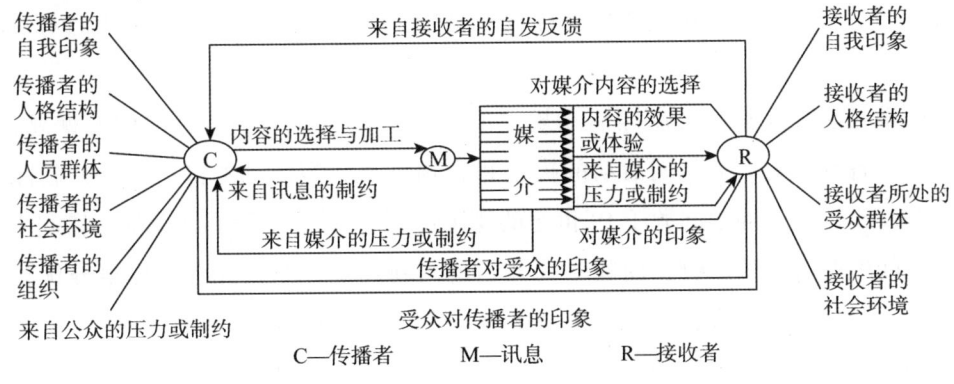

图 2-8　马莱兹克模式

该模式的特点在于：

（1）将社会系统与传播系统中各因素间的关系进一步细化。

（2）说明传播是一种复杂的社会行为，是一个变量众多的社会互动过程。

以上是西方大众传播学者所提出的一些基本传播模式，这些模式代表了他们对传播过程的研究水平，也反映出人们对大众传播过程的认识在经历一个不断深入的过程。通过模式发展，人们对于传播现象的认识越来越全面、深刻，从单向模式到循环互动模式，再到社会系统模式，传播的过程和各种影响过程的要素都逐渐清晰、明朗起来。但是，任何模式都不可能是完美无缺的。通过对每个模式的简短评价可以看出，任何一个模式都会在强调一些侧面、要素的同时，忽略另外一些侧面和要素。因此，对于不同模式，我们必须认真地进行对照、思考，进而对其进行补充和发展。

第五节　传播学与新闻学的关系

传播学作为一门研究人类信息传播活动及其规律的科学，是在借鉴、吸收其他学科研究成果的基础之上形成的。一般来说，传播学的学科基础包括新闻学、社会学、心理学、"三论"（信息论、控制论、系统论）、政治学、语言学、文化研究、统计学、符号学等。它们不仅与传播学建立了联系，而且为传播学的发展提供了多方面的营养。其中，新闻学无疑与传播学有着密切的关系，很多人甚至认为二者可以画上等号。因此，对新闻学和传播学之间的关系进行梳理是十分必要的，也可以加深我们对二者的认识。

新闻学是研究人类社会新闻活动规律的一门科学。新闻学研究的中心课题便是：人类社会的各要素对人类新闻活动的决定和影响以及新闻活动的自身发展，新闻活动对社会的反作用。新闻学起源于19世纪的德国，到19世纪末期，在美国兴盛起来。作为近代新闻事业发展的产物，新闻学一开始就与新闻业界紧密相连，以培养优秀的新闻从业者为己任。可以说，新闻学从一开始，就带有极强的技术性的色彩。

新闻学与传播学有着密切的关系。在大众传播学产生之前，新闻学是唯一专门研究大众传播现象和活动的学科，因此可以说，新闻学是传播学的基础和前身。随着新闻实践的逐步深化，新闻媒介种类增多，新闻学原有的研究范围无法涵盖日益发展的新闻业。新闻业逐步扩大至大众传播媒介业，"新闻"概念逐步让位于"大众传播"概念。这时便出现了大众传播学，它以人类社会的所有大众传播行为为研究对象。大众传播学研究进一步深化的结果便是传播学，即从个别的传播规律——大众传播，再深入研究，上升到普通的传播规律，即人类的传播活动过程及规律。

至于传播学的诞生发展，前面章节已有所论述。传播学于20世纪二三十年代后逐步出现于美国，其产生是建立在新闻学、宣传研究、社会学、心理学等多学科的研究成果基础之上的。两次世界大战对美国传播学的产生起到了直接的推动作用。随着传播学的成熟，大众传播学作为传播学的一个主要分支出现了，它的最重要意义在于，它聚焦的是在大众媒介中及围绕大众媒介的人的活动，以期得到关于大众传播过程和效果的可靠知识。由于人类社会的新闻实践主要是通过大众媒介进行的，因此，由新闻实践发展而来的新闻学与被新闻实践推动的传播学研究之间就产生了密切而复杂的关系。可以说，是新闻学的发展呼唤了传播学的出现。

传播学作为一门学科的出现，改变了传统新闻学重技巧、重描述而轻理论的局面，在理论深度、思想性、研究广度、研究的规范性等方面有了很大的提高。在逐步发展的过程中，传播学吸取了新闻学的一些研究成果，并对一些传统新闻学的议题进行了新的探索。同时，新闻学也逐步吸收了传播学的理论主张和研究方法，使得自身不断得到完善。

自从20世纪四五十年代施拉姆创立传播学开始，传播学与新闻学的关系问题就一直是人们探讨的重要问题之一。从20世纪90年代中期开始，美国掀起了一场以传播学与新闻学的关系问题的大辩论。其论题主要涉及：传播学要不要完全取代新闻学？传播学与新闻学的相互关系是什么？大致说来，有这么几种观点，分别是：传播学将取代新闻学，新闻学将与传播学融合，新闻学将成为传播学的一个新的分支。例如，近年来，美国许多院校传统的新闻学已经被广义上的传播学所代替，囊括在大众传播的范畴之下。那么，传播学与新闻学之间到底是怎样的一种关系呢？

我们认为，对以上几个大的争论，可以从以下几个观察角度的对比中去寻求相对科学的认识。

首先是研究对象和研究方法的差异。新闻学的研究对象主要是新闻实践。新闻理论主要是对新闻实践的相关要素和规范做出理论界定和阐释，诸如新闻的定义、新闻价值、新闻规范、新闻制度等；新闻史是对中外新闻事业史的描述、评价与总结；新闻业务部分，则是对新闻实践的从业技能的研究，如新闻写作、采访、编辑、制作、新闻媒体的经营等。与此相比，传播学的研究对象比较宽泛，是人类社会的信息传播活动，即一切借助符号进行的意义象征活动。传播行为又可以细分为自我传播、人际传播、组织传播和大众传播几种方式。因此，传播学的研究范围是广泛的，从语言的本质到符号的组合，从话语的操纵到大众媒体的传播，都必然囊括在传播学的框架之内。在研究方法上，传统新闻学主要采用逻辑推论，属于直观式研究，方法较为单一。传播学除了批判学派的思辨式方法，占主导地位的方法则是美国经验学派的实证性的定量研究方法，同时还逐步吸取了其他学科的许多方法，如符号学分析方法等。

其次是理论基础的差异。传统的新闻学研究的理论基础，中西方差异很大。西方主要是基于自由主义理论的相关论述，我国的新闻学主要的理论基础是马克思主义新闻观。而且，相对于传播学，新闻学的学科背景比较单一。传播学虽然不能说完全不受传统理论和政治发展状况的影响，但其理论基础更为广泛，其思想来源也更为多元，诸如社会学、人类学、哲学、语言学、心理学、政治学、经济学等学科的理论都对它产生了影响。

最后是研究旨趣的差异。新闻学较为强调实践性，这是其最突出的特征。一般而言，新闻学研究的实用性较强，即它一般是直接为培养新闻从业人员服务的，较为注重新闻业务的研究和传授，重视新闻实践经验的总结和归纳。相对而言，传播学的理论性较强，它不是直接为传播实践提供策略性和技巧的文本，而是学理性的研究和探讨。

通过上面的分析，我们可以试着回答以上有关传播学与新闻学关系的三个疑问。

传播学将不可能取代新闻学。新闻学与传播学的研究对象和任务是不一样的，不能简单地用其中的一个来取代另一个，两者之间存在着一个交叉互补的关系。

传播学是不可能和新闻学完全融合的。无论是传播学融入新闻学还是新闻学融入传播学，在实际操作上都是不可行的。传播学的研究领域远远大于新闻学，传播学融入新闻学是不可能的；新闻学借鉴了传播学理论丰富了自身，构建新的新闻理论，所以新闻学也不可能融入传播学。

传播学与新闻学将逐步分化，并分别发展成为独立的学科。从逻辑上来讲，新闻学应该是传播学的一个分支学科。因为传播学是研究人类信息传播规律的，新闻也是一种特殊的信息形式。但是，由于二者之间的研究对象、研究方法、研究旨趣都大相径庭，因此存在着不同的发展规律。新闻学本质上更多的是一种专业性质的教育，注重业务能力，注重对新闻的采、写、编等能力的培养，其目的是要培养新闻方面的人才，有很强的工具性。而传播学是研究社会信息系统的运行及其规律的学科，它不仅研究各种传播现象，还探索人类社会传播规律。随着人们对传播研究的日益重视，传播学要研究的问题将会越来越广泛，它和新闻学的分化将会越来越明显。

第三章 传播过程各环节的分析

前面已经介绍了传播学四大先驱之一美国政治家拉斯韦尔提出来的"5W"模式。根据这一模式,任何传播过程都可以被划分为五个相互联系而又相对独立的要素、环节。这五个要素又构成了后来传播学研究的五个基本内容,即控制研究、内容分析、媒介研究、受众研究和效果研究。

在这一章,我们将以拉斯韦尔模式为基础,对传播流程的各个环节进行分析,它们分别是传播者分析、传播内容分析、传播媒介分析、受众分析及传播效果分析。同时,我们还将引入信息反馈的环节,并对之进行分析。通过对这几个环节的分析,希望能加深对传播过程的全面理解。

第一节 传播者分析

传播者是指任何传播行为中发出信息的一方,处于传播过程中的第一个环节,是传播行为的发起者。因此,传播者不仅决定着传播活动的发生和进行,还决定着传播的内容、方式、方向,以及传播质量的高低,对于整个传播活动来说至关重要。

根据前面对传播方式的不同划分,我们可以将传播者划分为个体和组织两大类。此外,在不同的社会状况下,传播制度在一定程度上也扮演着传播者的角色,因此,也是我们要关注的对象。

一、个人层面的传播者

任何人都可以成为传播者,而且总是处于一定的社会地位,扮演着一定的角色,其传播行为大多数情况下也都带有一定的意图。个人层面的传播者研究主要是对传播行为过程中传播者的角色、特点、权利和责任等方面的微观分析。

传播者的角色一般可以划分为普通角色和职业角色两种。普通人在与其他人的日常交往中进行随意的、普遍的、灵活的交流时所扮演的就是普通传播者角色。职业角色的传播者则是专门从事信息传播活动，并以此得到物质上的利益或精神上的满足，如各种各样的新闻工作者、教师、作家等，都属于职业传播者。

职业传播者是社会中信息生产的重要力量。当今社会中，信息越来越成为推动经济发展的重要因素，因此职业传播者获得了越来越重要的社会地位，公众对职业传播者的期望也不断提高。

（一）职业传播者的特点

职业传播者通常具有以下特点。

1. 代表性

职业传播者一般总是归属于某个职业的传播组织或传播部门，这决定了其所传播的信息都会具有一定的思想倾向性，代表某一阶层、团体、组织的利益和要求。

2. 专业性

这包含两方面的含义。一方面是指职业传播者必须经过专业性的训练和教育，具备一定的知识和技能，才能从事职业的传播活动；另一方面是指传播活动成为社会中特定的专业领域，有其自身的要求、标准，任何人都不能违背。

3. 集体性

既然属于某一特定的组织，职业传播者不可避免地需要与他人进行集体合作才能完成整个传播活动。例如大众传播媒介中几乎所有的新闻信息都是集体的产物。

4. 复杂性

任何传播组织都有其内部明确的分工，人员之间相互协调，而且运用多种技术手段，经过多个环节，一次传播活动才能完成。

（二）传播者的责任

任何传播者在进行传播行为的同时，都必须为自己的传播行为担负一定的责任。例如，对他人的诽谤对于普通传播者来说就是不负责任的行为，会引起法律上的纠纷，而对某人的不实新闻报道是职业传播者不负责任的体现。对于职业传播者（尤其是新闻传播者）来说，其责任主要有四种：契约性责任、社会性责任、法规性责任及国际性责任。

1. 契约性责任

契约性责任是指新闻传播者对自己服务的传播媒介以及在内部组织中所承担的一系列责任，这些责任关系到整个组织的荣誉、名声，还会直接影响到组织的经营状况。如作为一个记者，就必须遵守新闻机构的各项规章制度，并用自己的努力工作去为媒体组织服务，工作包括采集信息、选择信息、制作信息、传播信息等。

2. 社会性责任

由于职业传播者通常都处于一定的社会地位并拥有一定的社会权力，因此必须为其信息传播行为及其所产生的社会后果负责。作为为社会公众服务的组织，传播媒介应当防止传播行为对公众或社会组织产生伤害。所以，新闻报道的一个很重要的原则就是真实、客观、全面。新闻工作者应当为社会的积极发展负责。

3. 法规性责任

这是指职业传播者在传播信息的同时必须承担相应的法律责任，符合法律规范的要求，维护国家、公众的利益。例如，每个国家都有法律规定记者、新闻媒介不能传播危害国家安全、扰乱社会治安、对社会有害的新闻信息，不能侵犯他人隐私，不能侮辱、诽谤他人等。这些都是职业传播者的法规性责任。

4. 国际性责任

由于信息传播活动的飞速发展和科学技术的进步，信息的跨国传播所带来的许多问题越来越受到重视。这其中包括：媒体组织对别国形象的歪曲性报道，破坏国家间和平，利用信息传播干涉别国内政等。这些都是大众媒介在进行传播活动时所应当注意的问题。

（三）影响传播者的因素

由于传播者是传播活动的发起人和决定者，因此传播者对于传播活动有着至关重要的作用。哪些因素会影响到传播者，也是我们在这里所应当关注的。

大体上，影响传播者的因素主要有政治因素、社会群体规范因素和文化传统因素。

1. 政治因素

政治是一切社会因素的综合体现。大到国家的施政方针策略，小到公民的行为规范、人与人的关系、观念的形成等，都会受到政治的影响和干预。传播者的传播活动必须遵守政治制度、规范。

2. 社会群体规范因素

传播者生活在社会不同的群体中，其行为方式和思想都受到不同群体的影响，从而导致其传播的内容和样式也呈现出各异的形态。

3. 文化传统因素

广义的文化是指人类社会历史实践过程中所创造的物质财富和精神财富的综合，狭义的文化是指社会的意识形态以及与之相适应的制度和组织结构。而风俗习惯、生活方式、民族心理素质、思维方式和行为方式等都属于文化的范畴。不同的民族、不同的地域、不同的国家都有不同的文化内涵，所以不同的文化决定了传播者不同的传播行为。

此外，传播者的人生阅历、知识构成、个性特征也是影响传播者的重要因素。

二、媒介组织传播者

媒介组织是专门从事大众传播活动以满足社会大众及组织需要的社会单位或机构。它是现代社会专门从事信息生产的部门，其活动可以渗透到社会的一切过程和生活的一切领域，为社会各部门提供服务，同时维持自身的生存。媒介组织是专业化的组织机构，是众多职业传播者所组成的整体。要实现传播目标，媒介组织必须合理分化职能，相互协调，形成固定的职权关系、行为角色。在对信息的生产、传播上，媒介组织必须凭借一种或几种固定的媒介，还必须讲求信息的时效性、有用性和持续性。

既然媒介组织作为一个社会公共事业机构，以生产、传播信息并服务公众为主要任务，那么在整个信息传播活动中，媒介组织所连接的就必定是提供信息的信源和信息的接收者。通过对二者关系的分析，可以加深我们对媒介组织在传播过程中所扮演角色的认识。

信源（通常指个人或组织）是从混乱的社会事件或事物中选择信息并做出有意图的传播；而传播媒介及其成员一般是根据新闻价值标准和自己的兴趣，对诸多信源进行选择，然后传向受众。传播者一方面总是在一定程度上依赖于信源所提供的信息，另一方面又会依据受众的反馈去寻找信息。

有学者发现，传播者与信源之间实际上存在着很复杂的关系模式。如分离的关系，即指传播者相对于信源有独立性，不依赖于信源；合作的关系，即指传播者和信源分属不同的系统，在传播过程中二者扮演着相互合作的角色；同化的关系，即指传播者与信源所处体系、利益关系完全相同的情况，此时，信源对传播者具有支配权，传播者也仅仅作为信源的传声筒存在。

传播学四大先驱之一的美国学者卢因，通过对家庭主妇对家庭成员食物摄取的影响的研究，提出了"把关行为"和"把关人"概念，为信息传播研究作出了重要贡献。他提出，大众媒介在新闻信息的流通过程（选择、加工、制作和传播环节）中所扮演的正是"把关人"的角色。

"把关人"概念认为：在社会群体的传播活动中，信息的流动是在一些含有"门区"的渠道里进行的，在这些渠道中，根据公正的规则或者是"把关人"的标准，决定信息是否可以进入渠道或继续在渠道里流动。对新闻信息在大众媒体内部的流通过程的研究为人们观察媒体内部关系提供了理论依据。

大众媒体就像一个过滤器，每天源源不断的信息进入它，被它制作生产，人们所接收到的信息只是其中的极少一部分。卢因的学生怀特发展了卢因的理论，他在研究美国一家非都市报纸时发现：电讯编辑在一周内收到了11910条电讯稿，但最后发出的稿件只有1297条，经过筛选和过滤，被选用的信息只有接收总量的1/10。这表明新闻报道很大程度上是由编辑来最终决定的。

麦克内利则认为，新闻在媒体间的流动过程存在着不止一个"把关人"，在新闻事件与最终的接收者之间存在各种各样的中间传播者。他举了这样一个例子：某位通讯社的记者获悉一件具有新闻价值的事件，将它写成一篇报道，先发往该社处于某地的分社；在那儿，报道可能经删改而被发往总社；在总社，它可能与从别处发来的一篇有关报道合并，然后被送往国内的全国或地区新闻社；在全国或地区新闻社，报道可能再经删改，以便传送给报纸或电台的电讯编辑；在那里，它将被进一步删改，然后发往读者或听众。

还有学者认为，最重要的"把关"行为出现在新闻组织内部，"把关"的过程应该分为新闻采集和新闻加工两个阶段。对两个阶段的划分是：新闻采集将未经加工的新闻——事件、讲演和记者招待会——制成新闻稿或新闻，这是第一阶段；新闻加工者对新闻进行修改并把它们合并为成品——一份报纸或一次新闻广播——它们被传送给公众，这是第二阶段。

相关研究表明，面对社会上广泛存在的新闻信息，大众传播媒介不是有闻必录，而是根据自己对新闻价值的判断进行取舍。记者、编辑、主编等是一道道"关口"，决定着哪些信息可以报道，哪些信息不可以报道，哪些信息该简短报道，哪些信息该重点报道。受众接收到的信息，只是现实生活中新闻信息的一部分。每个传播者都会根据自己的观点、立场对信息进行"把关"。因此，从广义上来说，每一个传播者都是"把关人"，传播者的总体任务就是"把关"。

三、社会传播制度

在社会的层面，新闻传媒作为社会大系统中的一个子系统，既是社会系统的有机组成，又保持着与经济组织、教育机构、政府部门等其他子系统的紧密联系，从而发挥着自身的功能。毫无疑问，新闻媒介的生态环境深刻地影响着媒介的存在面貌及新闻产品的生产、流通和在社会范围内的分配、消费。

图 3-1 粗略地勾画出了媒介在社会系统中的外部生态环境①。

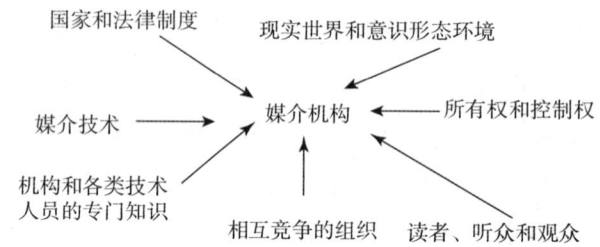

图 3-1 媒介在社会系统中的外部生态环境

由此可以看出，媒介机构受到了来自外部诸多机构、力量的冲击，任何一种力量都有可能对媒介机构产生或大或小的影响。

任何国家的新闻传播事业都要受到社会传播制度的影响和控制，世界上并没有不受控制和约束的新闻自由。绝对的自由主义新闻传播理论只能是一种假设。社会传播制度决定着大众传播的发展面貌，这是我们研究传播学时所不能忽视的。

第二节 传播内容分析

人类的传播活动总是对一定内容的传播。没有传播的内容，自然不会有传播活动。因此，内容乃是传播者与受众之间的中心环节。

一、信息

内容总是呈现为一定的信息。那么，什么是"信息"？这便是人们进行传播内容分析前必须了解的。

对于信息的定义，不同的学科从不同的角度有不同的解释。据不完全统计，信息的定义有很多种，它们都从不同的侧面、不同的层次揭示了信息的某些特征和性质。

信息论的创始人香农和韦弗于1948年在《通信的数学理论》中给"信息"下的定

---

① 戴维·巴勒特. 媒介社会学 [M]. 北京：社会科学文献出版社，1989：56.

义是：凡是能够减少人认识的不确定性的任何事物都叫作信息。该定义对于人类信息的传播活动的贡献在于认识到了信息的认知知识功能——减少认识上的不确定性，即当一个信息为人们所感知和确认后，这一信息就成为一定意义上的知识，形成后的知识又可以作为信息来传递；而尚未被认识的未知信息，则成为人们努力探讨的对象，和人类传播得以存在的需要和追求。

控制论创立人维纳则是从信息发送、传输、接收的过程中，客体和接收（认识）主体之间的相互作用来定义的。他认为，信息既不是物质，也不是能量，信息就是人们对外界进行调节并使人们的调节为外界所了解时而与外界交换来的东西。

根据维纳的说法，物质、能量和信息是人类社会赖以生存、发展的三大基础，三者存在着密切的相互依存关系：一方面，能量和信息皆源于物质，任何信息的产生、表述、存储和传递都要以物质为基础，也离不开能量；另一方面，物质运动的状态和方式需要借助信息来表现和描述，能量的转换与驾驭也同样离不开信息。

同时，它们又是相互区别的：世界由物质组成，能量是一切物质运动的动力，信息是人类了解自然及人类社会的凭据。信息对于物质而言具有相对独立性，信息的性质和内容与物质载体的变换无关；同样，信息在传递和转换过程中也不服从能量守恒定律，信息可以共享而能量不能共享，信息效用的大小并不由其消耗来决定。

维纳对信息定义的贡献在于：它确认了信息是人类主观世界与客观世界间的桥梁，二者的交互作用必须依靠信息的媒介作用。

综合以上定义，可以认为：信息是事物运动的状态与方式，是物质的一种属性。在这里，"事物"泛指一切可能的研究对象；"运动"泛指一切意义上的变化，包括机械运动、化学运动、思维运动和社会运动；"运动方式"是指事物运动在时间上所呈现的过程和规律；"运动状态"则是事物运动在空间上所展示的形状与态势。

信息表现出的特征主要有以下几点。

（1）无限性。信息的种类及表现方式无限丰富。

（2）可感知性。信息能够通过人的器官被感受与识别。

（3）可储存性。信息可以凭借一定的物质载体被长期存储，随时被人获知。例如书本就是对信息的存储。

（4）可传递性。传播行为就体现了信息的可传递性。

（5）可共享性。也就是说，信息不会因为人的接收而耗损，可以被反复接收。

（6）可组合性。信息之间可以相互组合，以形成更多更丰富的信息。

二、符号

信息的表现、传递、存储、组合、共享以及人对它的感知都离不开一定的媒介和符号形式。媒介在前面我们已经有了分析，如声音、文字、图像等。在这里，我们需要对符号进行了解。

符号是传播的基础，也是信息的载体，它是可以指代、指称另一种事物的事物。通过符号形式，特定的意义得以表达和传播。

在学术界，对符号的研究有两种方法主张。瑞士语言学家索绪尔认为，一切符号——文字的、图像的——都可以认为是语言。语言单位可以分为能指和所指两个部分：能指是符号的物质层面，如文字、声音、图像本身；所指则是符号的抽象的概念（意义）层面。如"人"这个字，它的能指就是组成这个字符的笔画本身，而其所指则是"人"这个字符相对应的我们头脑中人的抽象的概念。因此，任何语言符号都是能指和所指相联结所产生的整体，而且在生成上具有极大的任意性，是以约定俗成为基础的。

美国哲学家、符号学的创始人皮尔斯将符号划分为三种类型：指示的、象形的和象征的。指示符号是某种根据自己和对象之间事实的或因果的关系而作为符号起作用的东西，也就是说符号和它所代表的对象之间只有经验上的因果联系，如烟是火的标志，敲门声意味着客人的到来。象形符号是符号和被指事物之间存在某种相似性，例如照片、地图。象征符号是符号和被指对象之间没有类似性，也没有经验上的联系，而是因为习惯或约定俗成的规则形成固定的关系，文字语言基本上都属于此种符号。

象征符号的特点主要有：①象征符号与其指代的对象之间不具有自然因果关系，它们之间的关系是人为的、随意的，因此是可以创造的；②象征符号不仅可以表示具体的事物，也可以表示感情、观念、思想等抽象的事物；③象征符号是人为创造的，要通过学习来继承和掌握，而且与特定的文化环境有密切的关系。

皮尔斯还对符号、阐释意义和所指对象三者之间的关系进行了划分，得出如图3-2所示的模式。

具体来说，一个"符号"指代它自身以外的另一个东西——"所指对象"，这个对象可以是某一具体的物质客体，也可以是主观世界的精神现象。符号在与对象的指代联系中，在符号使用者头脑中产生某种联想，引发对某种意义的理解，这就是"阐释"。

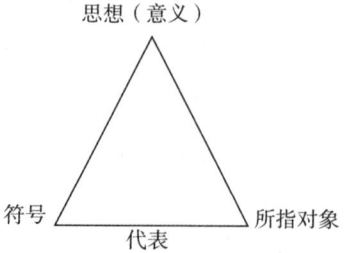

图3-2 符号、意义与所指对象

可以看出，这两种研究主张都触及了符号的组成和符号如何表达意义等重要问题，对理解人类传播行为过程中意义的产生及传播具有重要意义。例如，报纸和广播主要是通过象征符号来传播意义的，二者的区别在于符号传播的媒介不同；电视是通过象征符号和象形符号来表示意义的；互联网则是各种符号的综合使用，而且通过各种媒介来传播。

此外，非语言符号也能表情达意。例如人的动作、表情、姿势等体态语言，都能够传达重要的隐含意义。非语言符号是传播内容中的重要组成部分，由于它的意义通常要依赖语言符号的使用，所以这里不再对它进行分析。

三、内容分析

信息和符号共同构成了传播的内容。传播内容研究是传播过程研究中的重要一环。没有对传播内容的系统研究，传播的社会效果及对个体的效果就难以确定，对传播行为的研究也就难以深入下去。对传播内容的研究形成了内容分析，无论这种信息内容表现为文字的还是图像的。此外，当代通过新闻媒介进行的大众传播已经越来越强地影响着每个人的日常生活，媒介传播的信息内容是怎样通过语言符号影响我们的？这个疑问也成为内容分析所要解决的问题。

因此，内容分析是一种对具有明确特性的传播内容进行的客观、系统和定量的描述的研究技术。其定义揭示了内容分析的对象、分析方法以及结果表述的特征。内容分析的对象是"具有明确特性的传播内容"；"明确"意为所要计量的传播内容必须是明白、显而易见的，而不能是隐晦的、含混不清的，或没有明确表达出来的单位。如果对传播内容的理解在研究者之间、研究者与受众之间很难达成共识，则不宜作为内容分析的对象，因为对这类内容进行计量非常困难。

内容分析方法的特征是"客观"、"系统"和"定量"。

内容分析方法需要研究者首先确定内容分析的样本范围。"系统"就是指内容分析的范围应该包括全部样本范围，如确定某一媒体新闻报道的统计范围。一旦确定样本范围，研究者必须做到以下两点。

（1）使样本的每个单位都有同样的概率被计量。

（2）使用同一标准测量每一个样本单位。从样本范围内随意选取可以证明自己观点的分析单位进行阐述，或用不同标准测量不同的样本单位，既违反了"系统"性，也违反了"客观"性。例如不能将文字的内容和图像的内容混为一谈。

研究者还需将文字的（或图画的）、非定量的内容转化为定量的数据。不能让研究者的主观认识左右分析的数量结果，研究者必须按照确定的评价标准、分析类别和单位进行计量。由此，内容分析的"客观"性被确立。例如，对某一报纸新闻报道中某一特定内容的研究，首先必须统计新闻报道中有这一特定内容的所有报道的条数。

"定量"是内容分析最为显著的特征，是达到"精确"和"客观"的一种必要手段。它通过频数、百分比、卡方分析、相关分析等统计技术揭示传播内容的特征。"定量"并不排斥解释。当研究者得出一组说明传播内容特征的数据后，需要对这组数据进行解释，即说明数据的意义。

"客观"、"系统"和"定量"是互为关联的，共同构成内容分析的主要特征。结果表述的特征是"描述性的"，内容分析的结果常常表现为大量的数据表格、数字及其分析，这是"客观"、"系统"和"定量"研究的必然要求。

虽然内容分析要求数据的"客观"和"系统"，然而对数据的结果进行描述体现了研究者对内容的阐释。内容分析不是孤立的分析，它与社会现实、传播者和受众之间存在着一定的联系。也就是说，研究者不可能完全脱离社会现实去做分析。当研究者决定对何种媒介、何种内容进行分析时，都暗含着一些假设。如：媒介的负能量内容太多了，对公众，尤其是青少年会产生不良影响；媒介中存在着不当言论，需要引起社会的注意；每条新闻的播出时间太长了，应该调整等。研究者以某种社会价值观来观察媒介内容，并试图得出关于社会现实、传播者和传播效果的结论，而内容分析则为研究者提供了分析的工具或规则。

总的说来，内容分析有三种表现形式。

（1）描述传播内容的倾向或特征——这种最为常见，如媒介报道中是否存在着对某些群体的偏见以及达到何种程度等。

（2）描述传播内容的变化趋势——这类研究常常需要长时间的样本分析，以发现对某一主题（如保护环境）的报道量或其观点是否有变化等。

（3）比较不同样本的内容特征——即采用同一评价标准，对两种以上的同类媒介的内容进行分析，以比较它们之间的内容特征和风格，例如不同报纸对同一事件的报道差异分析。

进行内容分析，能够将媒介现实与社会现实进行比较。研究者在从事这类研究时，一般暗含着一种假设，即传播内容的倾向与社会现实（或现代社会价值观）不符。研究者在开始一项内容分析项目时，常常是基于对某种传播内容的不满，认为它歪曲了社会现实或不符合现代社会的价值观念、科学观念等。研究者试图通过系统的计量分析，揭示其内容所蕴含的社会性质。比如，一项关于小人书的性别模式研究发现，在20世纪60年代的美国，已有超过50%的女性参加了工作，但在300多部小人书样本里，职业女性的比例为零，所以内容分析可以得出结论说：小人书所反映的性别模式与社会现实严重不符。可见，内容分析的重要价值是它能帮助我们理解和解释社会现实。

通过内容分析，能推论出传播者的态度。因为在大多数情况下，信息内容在相当程度上表现了媒介或传播者的态度。例如：比较两家报纸对某个事件的不同报道，可以看出它们对这个事件持有不同的看法；通过分析观众来信，可推断出观众对电视某个节目的兴趣倾向等。

透过内容分析，还能推论出传播的效果。有一种假定：人们长期接触某种媒介内容，就会受到这种内容的影响。这一假定已得到传播学理论的支持。还有其他理论认为：媒介内容对受众的影响不是直接的，而是有条件的和长期的。受众接触该内容的动机、态度、原有认知结构等因素也会决定媒介内容的影响。只有当受众大量接触与其原有态度一致、原有认知结构相同的内容时，才有可能受到媒介内容的影响。

内容分析还能作为社会文化研究的重要方面。因为大众传播不仅是社会大众文化的组成部分，除了能促进社会大众文化快速而广泛的发展、极其深刻地影响社会外，它还能传递社会文化传统、社会价值观念、道德准则和社会榜样等，对社会的平稳运转起着潜移默化的深远作用。对社会不同历史阶段、不同社会生活问题的解决，都可以从大众传播的内容分析入手。大众传播在整体上提供了对社会的全景式记录，对它的内容分析实质上就是对人类历史文化的研究。

评价一项内容分析研究至少需要采用六项标准。

（1）研究假设。研究前是否有明确的问题或假设？如果有推论，推论是否符合逻辑？

（2）抽样样本。样本是否有很好的代表性？样本对于结论是否有说服力？

（3）分析单位，即可被计量的最小单位。分析单位是否明确、统一？

（4）内容分类。分类标准是否由假设理论导出？所划分的种类之间是否互相排斥？分类是否详尽或有遗漏？

（5）信度。研究结果里是否有信度检验？不同的评分者是否能得出同样的结论？

（6）效度。研究者建立的分析单位、种类是否能测出所要测量的内容（一致性）？结论的有效性如何？

内容分析作为传播学研究的一个部类，涵盖了极其广泛的内容和范围。它不仅为人们认识传播行为及其效果提供了重要的视角，为传播者和接收者提供了回顾、总结和反思的机会，还是认识人类自我、认识社会环境的重要途径。

第三节 传播媒介分析

任何内容信息都必须通过一定的媒介来负载。这一节,我们将对媒介进行一般意义上的分析,了解其特点、功能,并介绍在传播学领域影响比较大的几种媒介理论。

媒介,英文为"media",原意为中间、适中、平均、调解人,也可解释为手段、工具等。传播学意义上的媒介,是指承载并传递信息的物理形式结构,是传播者与接收者之间进行传播活动的桥梁。

对于媒介的理解可以从两个层面上来进行:一方面,从媒介的物理形式来看,媒介是一种技术手段,例如文字、印刷品、声波、电波等;另一方面,从媒介的社会功能和构成来看,媒介是一种社会组织,这种组织以信息的采集、分类、制作和传播为主要的社会功能,例如报社、出版社、电视台、广播电台、网络等。

在这两种认知中,前者是基础,后者是发展,传播媒介的技术和工具属性决定着信息的物理形式、时空范围、速度快慢和数量规模;媒介的社会组织属性则决定着信息内容的生产和传播,甚至其深刻的社会影响效果。对后者的研究有助于理解大众传播系统中各种复杂的社会关系,揭示大众传播活动的社会本质和规律。

需要指出的是,对于社会组织的传播媒介,我们已经将之放在前面传播者分析范畴中加以研究了,这一方面突出了其组织的社会性,另一方面突出了其在传播中的决定性作用。因此,本节主要讲述作为工具和技术手段的传播媒介。

一、媒介的发展及分类

人类最古老的媒介不是别的东西,而是人的身体本身——人们使用手、脸等身体部位来进行动作、表情等非语言传播。之后,人类发明了语言符号,借助语言,人类的传播内容变得丰富多彩。

文字媒介的诞生标志着人类文明时代的来临。人类传播活动从口头传播走向了文字传播,人类的传播能力因此得到提高,信息内容也得以保存。印刷媒介的产生又开启了人类传播的革命,人类社会真正进入大众传播时代。随后,电子媒介所催生的广播、电影、电视等大众传播工具,更是对人类社会产生着重大的影响。

近几十年的网络传媒,则将人类带到一个全新的传播时代。它在扩展了信息传输渠道的同时，也将最普遍的个体传播的民主思想，融化在网络平等分布的技术基础上，带来了社会深层的结构变革。

可以看出，传播媒介经历了一个从单一到综合、从简单到复杂的发展过程，这一过程是与人类文明的进步同步的。

对媒介的分类，可以从很多角度去进行。

按媒介发展历史划分，可以将媒介分为以下两种。

（1）传统媒介：主要以各种天然的或经过加工的自然物质材料作为自己的符号载体。其特点是被人们所广泛掌握，在社会上拥有稳固地位。

（2）现代媒介：是指以磁性材料和技术、感光材料和技术、电子材料和技术为手段，具有全新形式的一些传播媒介。其特点在于快速、便捷、形象、容量大。

从媒介的符号物质形态划分，可以分为以下四种。

（1）口语符号媒介：是指正常人在成长过程中可以自然掌握的、以各种不同语言为信息载体的传播媒介。其特点在于：广泛运用于社会各种传播活动中，是传播行为的基础媒介和核心媒介。

（2）平面符号媒介：是指以各种刻画、书写、感光、印刷技术为手段，以纸张、布帛、石材、铜铁、竹简、塑料等为物质载体的媒介。其特点在于：后天学习才可掌握，存储性能较好，使用范围较大。

（3）电子符号媒介：是指以电磁波技术为手段，以电子通信设备为符号载体的媒介。其特点在于需要有一定规模的机构和掌握不同技术与设备的专业人员的配合。

（4）数字符号媒介：是指以数字技术为手段，以电子计算机和互联网为主要符号载体的新兴媒介。其特点在于信息含量的无限性和信息检索的便捷性，将成为未来很长时间中人类主要的信息传播媒介。

从媒介作用于受众的感官方式，可将媒介分为以下三种。

（1）听觉型媒介：是指信息符号主要作用于人们的听觉器官的传播媒介。其特点在于简便、生动、亲切。

（2）视觉型媒介：是指信息符号主要作用于人们的视觉器官的传播媒介。其特点在于要先转化为可识别的语言符号才能进入思维过程。

（3）视听兼备型媒介：是指信息符号同时作用于人们的听觉和视觉器官的传播媒介。其特点在于：同时使用人类两大感受器官，可以十分逼真地还原各种事物和现象本来面目，吸引力较强。多媒体手段将各种不同类型的媒介整合到统一的传播活动中。

媒介自身的存在与发展，在遵循社会生产力发展规律的同时，也体现了人类追求自身解放的民主性、自主性旨趣。历史上每一次的媒介发展，都大大拓宽了人类的传播能力。可以看出，不同的传播媒介各有所长，也各有所短，在使用中应取长补短、扬长避短。而且，传播媒介本身并不以相互替代、取消为发展代价，相反它们会在发展中不断扬弃、相互补充，呈现出整合的趋势。

媒介自身的发展，使其在社会需要中发挥越来越大的作用，也占据着越来越重要的地位。这促使媒介在享有一定的社会的权力的同时，必须承担相应的责任。

从普遍意义上来说，传播媒介通常都具有以下特点。

（1）媒介的符号特性。不同媒介的信息会呈现出不同的符号特征，例如报纸信息主要表现为文字，电视信息表现为图像和声音。媒介使用符号的不同使不同媒介表现出不同的形态及规律，不同的符号有不同的感官刺激、诉求效果、存储特征。

（2）媒介的时效性。媒介会影响到传播内容的时效性。例如电视、广播的信息时效性要强于报纸。

（3）媒介的受众参与特征，也即互动性的强弱，主要体现为不同媒体能够给受众提供的反馈机会不一样。

（4）媒介本身的物质能量，主要是媒介本身的分布特征和发布能量，以及媒体本身从技术上能够提供的信息内容的可选择空间。电子媒介要明显高于印刷媒介。

二、媒介理论介绍

今天的社会环境与传统的社会环境相比，已经发生了非常深刻的变化。在现代社会，大众传播媒介对人的行为和社会实践具有极为重要的影响。在传统社会里，人们生活在一个有限的地理范围内，人与自然环境和社会环境直接接触。但是，当人们进入现代社会以后，生存环境发生了很大的变化，人们生活在一个以"媒介环境"为基础的社会，人类生存的空间超越了地域的限制。

当代社会是一个以"媒介环境"为基础的社会。"媒介环境"是指大众媒介（如电视、报纸、图书、录音等设备）和其他现代媒介（如汽车、高速公路、互联网、电话、照相机等）大量进入人们的日常生活。媒介带来的信息充满着人们生活的空间，构成人们的信息环境。所谓信息环境，指的是一个社会中由个人或群体接触到的信息及其传播活动构成的环境。这种环境更多的是一种人为的环境，在这种情况下，人们对环境的认知，已远远超出了人们的感性经验的范围，人们只有通过对环境的再现即信息环境来认识环境。这种认识由于受制于大众媒介传播的信息，就有可能发生很大的偏差。

因此，对媒介分析的宏观层面的研究正是建立在这样一个认识基础上的：人们生活在一个媒介环境里，媒介对人的生活产生了深刻的影响和改变。

关于大众媒介，许多学者从不同角度进行过考察。时至今日，大致形成了以下几种媒介理论。

（一）英尼斯的媒介偏倚论

由加拿大传播学者英尼斯提出的媒介偏倚论认为，要了解传播媒介传播思想、控制知识、垄断文化的实质，必须首先认识不同媒介的时间偏倚和空间偏倚的特性。质地较重、耐久性强的媒介，如黏土、石头和羊皮纸等，较适于克服时间的障碍；质地较轻、容易运送的媒介，如草纸、报纸等，较适于克服空间的障碍。时间偏倚的媒介在某种意义上是个人的、商业的、特权的传播媒介，它强调传播者对媒介的垄断和传播的权威性、等级性和神圣性，但是，它不利于权力中心对边陲的控制。相反，偏倚空间的媒介是一种大众的、文化的、普遍的媒介，它强调权力中心对边陲的控制力，也有利于传播科学文化知识。

在现代社会里，要想通过传播活动确保社会稳定，过分倾向于偏倚时间或偏倚空间的媒介已不合时宜了，应该保持媒介的时间偏倚和空间偏倚的平衡。

（二）麦克卢汉的媒介理论

马歇尔·麦克卢汉是加拿大著名传播学家。他在《理解媒介》《媒介即讯息》等一系列著作中，发表了他对当代大众媒介的认识，提出了"媒介即讯息"、"媒介是人的延伸"、"冷媒介与热媒介"和"地球村"等著名观点。综合起来，其理论主张主要有以下四个方面。

1. 媒介即讯息

这一论断的含义是：媒介本身才是真正有意义的讯息。换句话说，即人类有了某种媒介才能从事与之相适应的传播和其他活动，因此，从漫长的人类社会发展过程来看，真正有意义、有价值的"讯息"不是各个时代的传播内容，而是这个时代所使用的传播工具。正是这个工具引起了社会深刻的变革。

2. 媒介是人的延伸

麦克卢汉认为，任何媒介都不外乎是人的感觉和器官的扩展或延伸，如印刷媒介是人的视觉能力的延伸，广播是人的听觉能力的延伸，电视则是视觉、听觉和触觉能力的综合延伸。在麦克卢汉看来，人类社会和媒介的发展经历的是一个人的感官能力"统合"→"分化"→"再统合"的过程。尤其是当今的互联网，在最大程度上将人的各种感官进行统合。

3. 冷媒介与热媒介

这是麦克卢汉对媒介所作的著名分类，也是他引起最多争论、批评，甚至质疑的观点。麦克卢汉区分冷、热媒介的依据是媒介提供信息的清晰度以及受众对信息理解时所要求的参与程度。他认为，热媒介只延伸人的某一种感官，提供喧闹、明亮、高清晰度的信息，受众无须用太多的感官和想象力去参与和理解信息；反之，冷媒介则提供模糊、舒缓、低清晰度的信息，要求受众调动感官，发挥想象力去填充信息的空白，要求的参与程度较高。

在这样的划分标准下，麦克卢汉认为书籍、报刊、广播、无声电影、照片等是"热媒介"，因为它们都作用于一种感官而且不需要更多的联想；而漫画、有声电影、电视等属于"冷媒介"，因为它们作用于多种感官和需要丰富的联想和参与。

4. 地球村

麦克卢汉把"地球村"看作人类与电子媒介不断互动的结果。在这个互动的世界里，世界各地的人们能够真正地成为一个家庭的成员，全球的生活、经济、文化不断走向整合，电子媒介冲破了时空所形成的阻隔，世界在一定意义上结成一体，仿佛成为一个小的村落。

对于麦克卢汉的理论，学界的争论非常激烈，反对的声音不绝于耳，但同时也有很多支持者。诚然，麦克卢汉的理论带有很大的极端性和片面性：他把媒介技术看作社会变革和发展唯一的决定性因素，这就忽略了生产关系和社会关系等各种复杂的社会因素对媒介的作用；由于过度重视技术，没能充分认识到人的主体性和能动性；其理论立足于媒介工具对人感觉系统的技术性影响，并试图以此来解释人类的全部行为，也是非常片面的。

但从另一方面看，麦氏的媒介理论将人们对媒介的认识视角，延伸到了社会历史和文化的深处，在引起了人们心灵的震撼的同时，也把人们对大众媒介的社会作用的认识发展到了新的层次上了，对我们认识媒介是很有启发性的。

（三）梅罗维茨的媒介理论

20世纪80年代，美国传播学家梅罗维茨提出了他的媒介理论。其主要观点有以下几点。

（1）任何媒介情境都是一个信息系统，媒介的选择性表现行为会促成信息的流通。

（2）每种独特的行为都需要一种独特的媒介情境，不同交流情境的分离，使不同行为的分离成为可能，而媒介可以通过塑造新的交流情境来改变人的社会行为。

（3）电子媒介促成了不同情境的合并，电子媒介代码的简单性能使受众对信息达到更大程度的共享，从而使受众的各种活动情境合并，使私人空间和公共空间进行融合。

这一理论把传播媒介看作社会环境的一部分，提出应该将它们与社会环境及其变化联系起来研究；还指出了受众在媒介—受众—社会三者关系中的重要性，受众的类型、人数多少和特征实际上影响着传播方式；该理论还承认媒介的强大影响力，媒介本身是社会环境的一部分。

该理论的缺陷在于：夸大了媒介对社会环境和人们社会行为的影响，几乎将媒介描绘成引起社会变化的唯一原因；忽视了社会制度和媒介制度的关系，看不到社会意图对媒介管理和内容的影响。

（四）媒体等同理论

媒体等同是指人们像对待真人实景一样对待媒体，即媒体＝真实的生活。该理论指向了人与媒体的关系层面，认为人与电脑、电视和新媒体的互动本质上是社会性和自然的。在这里，媒体等同的含义有两个方面：一是把媒体内容当真，二是把媒体当人。

媒体不仅仅是传播工具，它能侵占人们的身体空间，有着和人们一样的个性，甚至有性别的差异。媒体能激发感情，引起人们注意，使人们害怕，能改变人们固有的观点。总之，媒体是人们生活的积极参与者。

媒体等同理论有很大的应用空间。它能促使人们追求人性化媒体，并引入人性化视角，通过传播更具亲和力和生命力的信息，增强媒体与人的互动性，还能促使人们树立媒体生命观、媒体生态观，加强媒体的全面认知与功能开发。

媒体等同观念，突破了单纯的"主、客体"的人与媒介的关系，而主张从"主体间性"的高度来研究和发展人性化媒体，引入了人与媒介关系的新思维，批判了单纯的媒介工具论、控制论和技术决定论，验证了人性化媒体的合理性，带来了媒介思维上的新突破。

但该理论在根源寻找上显得武断和片面。例如，该理论认为出现媒体等同的根源是人类陈旧的大脑进化没有赶上新科技的发展，这显然片面；该理论还夸大了媒体的人性，实际上不但媒体的工具性、控制性思维仍然是目前社会的主流媒介思维，且人与媒体的互动平等在大众传媒的实际运转那里是很微弱地存在的；还有，媒体等同不能概括所有的人与媒体的关系，事实上，媒体与人和社会的关系也是多重和复杂的。

第四节 受众分析

一、受众及其特征

受众（Audience），最初指演讲的听众，后来也兼指观看戏剧、体育竞技的观众。随着印刷技术的出现，受众的意义得到实质性扩张。通过机械印刷以及电子信号，信息能够被大量地复制，受众的数量大大增加，受众也不再需要和传播者处于同一时空内。

现在意义上的"受众"，是传播学中的一个重要概念，是大众传播活动中信息接收者的总称，又称受传者、阅听人。受众是信息的接收者、传播所指向的客体，又是传播反馈的核心环节，受众的观点和态度，直接关系到媒介的兴衰成败。受众是信息的"目的地"，又是传播过程的"反馈源"，同时也是积极主动的"觅信者"。传播效果的好坏必须从受众的反应中进行评价，因此，受众是决定传播活动成败的关键。

对于不同的传播类型来说，其受众是不尽相同的，比如人际传播的受众有谈话的对象、听课的学生、会议的出席者等。其中，大众传播的受众最复杂也最引人注目，包括报纸、杂志、书籍的读者，广播的听众和电影、电视的观众，如今随着互联网的快速发展，也包括越来越多的网民等。受众组成的变迁意味着媒介的变革。媒介应当为了受众的需要采集、制作、传递信息。媒介的任何改革，均应以满足受众需要为根本目的。

受众一般有以下几个特征。

（1）受众可以分为不同层次和类别，在同一层次、类别中，受众之间具有相似或相近的生活经验、志趣、爱好等。

（2）受众数量巨大，这也决定了大众传播是无法都用"面对面"的形式交流的。

（3）受众享有信息接受的"自由"，传播者不能强制地要求受众接受信息。

（4）受众是"匿名"的，对受众只能确定其大致情况，而无法确切地知道是哪一个个体。

长期以来，传播学的理论和实践忽视了对受众的研究。这种现象源于以下观念：传播者——记者、编辑和作者等——被看作传播过程的决定者，受众成了被媒介所操纵的对象，在传播过程中的地位很卑微。这种观念不仅误导了传播学的理论，而且给传播实践带来了很大的危害。如今，许多发达国家的媒介组织都把受众研究当作一项定期的常规性工作。通过受众研究，能够及时地了解受众反应，准确地制定媒介策略，更好地发挥媒介的效用。总之，无论从理论上还是从实践上来看，受众问题都应引起人们的充分重视。

受众问题的系统研究起始于20世纪40年代后期的传播学创立之时。当初传播学之所以被当作一门学科提出来，很重要的一个原因就是对受众研究的实际需要。20世纪以来，大众媒介的蓬勃发展，对社会生活的影响越来越大。在第二次世界大战中，大众传播所发挥的重要作用，使人们对之刮目相看。这些研究无不关涉传播的对象——受众。从此，受众研究正式拉开了序幕。

在传播学发展的过程中，形成了林林总总的理论和流派。许多传播学理论实际上就是受众理论，尤其是传播效果的理论，最终都以对受众的认识为前提。受众理论之所以如此重要，是因为受众是信息传播的目的地，是信息传播链条中的一个重要环节，也是传播过程得以存在的前提和条件。受众是传播效果的"显示器"，没有受众的反应和评价，就不能真正地了解大众传播媒介的效能。

二、受众研究的主要理论

传播学理论中最早有较大影响的受众理论，当首推"魔弹论"，又被称为"皮下注射论"。该理论认为：大众媒介威力无穷，受众面对媒介是毫无抵御能力的。媒介可以任意地"役使"受众。在魔弹论看来，受众犹如一面靶子，只要被枪弹打中，就会应声倒下。魔弹论过分夸大了媒介的作用，而忽视了受众对媒介的应变和选择能力。

满足需要论是对魔弹论的一种修正：从前认为受众是被动的，现在则认识到受众成员会主动地选择自己所偏爱的媒介内容和信息。这两种理论都从受众的需要、动机和个性心理差异出发，来说明决定传播效果和受众接受程度的是受众心理因素本身，而不仅仅是媒介和信息。

在受众理论中，拉扎斯费尔德的理论贡献是提出了两级传播论。他在研究大众媒介的影响时发现，大众媒介并没有直接对大多数受众产生影响。事实上只是一小部分比较活跃的经常接触大众媒介的受众，在接受了媒介的信息后，再通过他们的人际传播来影响更多的受众。这些在形成公众舆论中起到引导和影响作用的人，被拉扎斯费尔德称为"舆论领袖"。

两级传播理论揭示了传播并非总是呈现着简单的线性过程。受众所受到的传播影响具有多层次性和复杂性，往往是大众传播和人际传播的共同作用。大众传播影响面广，传递信息迅速及时；而人际传播渗透力强，有针对性，对大众媒介的信息有进一步的整合作用。拉扎斯费尔德这一理论的价值在于，它说明了对于受众来说，大众传播和人际传播是一个既相区别又相统一的过程。

创新扩散论在受众理论中，可谓视角独特。这一理论的基本观点是，具有创新性的事物在社会传播后，受众将会采纳并扩散传播，并进而导致变革。在这一过程中，创新的事物首先通过大众媒介到达受众，然后受众通过对创新事物的讨论、参与和验证，会大规模地积极采纳这一创新事物。创新扩散的过程包括两个步骤：第一个步骤是创新事物通过大众媒介引起受众的兴趣并得到认同。在这一阶段，大众媒介起着主导作用。第二个步骤是受众在参与大众传播的基础上进行再传播，是信息的扩展和受众规模扩大的过程。在这一阶段，人际传播起着主导作用。

创新扩散论提出了一个非常重要却长期被忽视的问题，即传播过程是满足受众兴趣和需要的过程，更是受众充分参与和创造的过程。只有充分调动受众的主观能动性和创造性，传播才能充分发挥其效能。大众传播中受众无法与媒介实现双向互动的交流，受众的传播潜能受到了很大的抑制。大众媒介的所短正是人际传播的所长。大众媒介与人际传播的优势互补，传播效果就能得到最充分的释放。这是创新扩散论对受众理论的贡献所在。

1975年，美国著名传播学家梅尔文·德弗勒在他的《大众传播理论》一书中，从受众传播动因角度对受众研究理论做了一个总结，把它们分为以下四个研究理论。

(1) 受众的个人差异论。个人差异论是由霍夫兰首先提出的。这一理论认为，受众成员心理或认识结构上的个人差异是他们对媒介的注意力以及对媒介所讨论的问题和事物所采取的行为的关键因素。

个人差异论的理论基础是"刺激—反应"论，它是从行为主义心理学派的角度出发来对受众进行研究的。这一学派认为，人的心理和性格虽然有遗传的因素，但主要还是后天形成的。每个人的成长环境和社会经历都不尽相同，他们的性格也就各有差异。因此，大众传播过程中并不存在"整齐划一"的受众。在大众传播提供的信息面前，每个人会因为心理、性格的差异而对信息做出不同的选择和理解，随之而来的态度和行为的改变也会因人而异。

个人差异论主要强调由于个体心态与性格的不同，在传播中他们对信息的接收也不尽相同。

个人差异论的主要理论贡献在于提出了选择性和注意性理解。

(2) 受众的社会群体论。社会群体论又名社会类别论。这一理论认为，受众可以根据年龄、性别、种族、文化程度、宗教信仰以及经济收入等差异组成不同的社会群体。这些因人口学因素差异而结成的群体，又有着相似的性格和心理结构，在人生观、价值观等方面也有着较为一致的看法。因此，统一群体中的成员在传媒的选择、内容的接触甚至对信息的反应上都会有很多统一的地方。这样，就可以把受众分成不同的群体来加以研究。

社会群体论不局限于个体差异而强调群体内部的统一性，同时又注意到了群体之间的差异性，这是其优于个人差异论的地方。个人差异论注重个人性格和心理上的差异，而社会群体论则看到了社会群体的整体差异。可以说，社会群体论是对个人差异论的修正与改进。

（3）受众的社会关系论。社会关系论认为，个人差异论和社会群体论都忽视了受众之间错综复杂的相互关系，而这种社会关系对于受众研究是极为重要的。

社会关系论注重的是受众所加入的社会组织和日常社会关系对受众传播动因的影响。社会组织的规范决定了受众的传播需要和态度，也决定了受众对媒介及信息的评价和反应。

受众的社会关系对受众有着巨大的影响，在受众的媒介接触中，社会关系经常既能加强也能削弱媒介的影响。事实上，媒介的效果经常为受众的社会关系所削减。

社会关系主要包括人际网络、群体规范等，具体到受众的社会关系则主要有他们所处的工作单位、社会组织以及参加的各种非正式的群体等。社会关系论为大众传播和人际交往提供了一个结合点，而结合的桥梁就是社会关系。

（4）受众的文化规范论。文化规范论与前三种理论有所不同。前三种理论是以受众为出发点来探讨媒介与受众之间的关系，而文化规范论则以传播媒介为出发点，认为大众传播的内容会促使接收对象发生种种变化。可以说，现代社会里，大众传播充当着文化的选择者和创造者的角色。而人们在社会文化之中生活，久而久之，就会形成与这种文化相符合的社会观、价值观。在这一点上，文化规范论与"议程设置"理论有一定的联系。

受众的文化规范论认为，受众能够从媒介内容中学到新的观点，这种观点可能加强或改变原有看法。也就是说，大众传播媒介不一定能直接改变受众，但由于受众是在社会文化之中生活的，因此，大众传播可以先改变社会文化，从而间接地实现对受众的改变。可见，这种理论认为大众传播具有间接和长期的效果，而不是短期的、立即的效果。

三、受众的心理选择过程

受众是信息传播的目的地，可是，如果信息在到达目的地之后并没有得到接受，那么，传播就没有实现信息共享的目的。大众传播过程中也会出现类似情形。受众在选择媒介和讯息时有很大的自由度，这就是受众心理上的自我选择过程。

受众的心理选择过程包括三个具体环节：选择性注意、选择性理解和选择性记忆。

（一）选择性注意

选择性注意又称为选择性暴露，即受众是否注意到媒介及其信息。这是受众心理选择过程的第一个环节。受众对媒介的接触具有很强的选择性，他们往往从自己原有的意见、观点和兴趣出发，将自己"暴露"在经过选择的传媒及其内容的面前。受众更倾向于接触与自己原有态度较为一致的信息，而尽量回避那些与己见不合的信息。这样，对传播者来说，最为重要的便是使自己所传递的信息对受众更具吸引力。

从传播者如何适应受众的选择性注意考虑，传播媒介的信息要想具有吸引力，必须遵循以下原则。

（1）易得性：所传播的信息必须能使受众轻易获得。

（2）对比性：与环境中的其他部分形成强烈的对比常常可以吸引受众。

（3）报酬与威胁：受众能灵敏地感知和记忆那些有利于其需求和兴趣的信息，而对那些可能危及自身的警告性信息则会有特别的戒备。

从受众接受信息的动机进行分析，其动机有以下几种。

（1）获取有关社会公众事务的信息，以满足日常生活的信息需要。

（2）娱乐。

（3）社交。在社交中，大众媒介的传播内容是很好的讨论或聊天话题。

（4）心理需要。为了增加信心、取得宽慰、减轻烦恼等，受众常常转向大众媒介以寻求各种满足或解脱。

（二）选择性理解

这是受众心理选择过程的核心，又称为信息传播的译码过程。同样内容的信息对不同的受众来说会有不同的理解，有时甚至是相反的，出现这种情况的原因是受众的心理、感情、经历、需求以及所处环境等的不同。

人们对事物的理解具有选择性，这主要是由当时的需求、兴趣和情绪等决定的。人的这种选择性决定了他们在有选择地接触到某种信息后，总是倾向于把信息内容看作与自己原有意见相一致的。即使在接触到与自身观点相悖的信息时，人们也会对它们进行选择性的理解，将它们曲解为与自己相一致的观点。这种从自身需求出发对信息予以选择的心理倾向，使不同的人对同一信息的理解各不相同。所以，传播者组织和传播信息时一定要考虑到受传者的这种选择性理解，要努力防止或减少受传者对信息的曲解，并尽可能使信息被多数人所正确理解和接受。

（三）选择性记忆

选择性记忆是指受众对信息的记忆也是有所选择的，这是受众心理过程的最末环节。事实上，留在人们记忆中的信息量一般会少于他们所接收和理解的信息量，他们有时甚至还竭力使自己去忘记某些信息。

也就是说，正如选择性注意、选择性理解一样，人们倾向于记住传播内容中与自己观点一致的那些部分，而忘掉与自己观点不一致的部分。这一行为往往是出于潜意识的，它可能用以加强而非改变受传者的已有意见。

选择性记忆大致可以分为三个阶段。

（1）信息的输入阶段。

（2）信息的存储阶段。

（3）信息的输出阶段。

受众研究使人们意识到，传播，实际上是媒介、传播者和受众辩证统一的过程。如果简单地忽视具体的社会历史条件而谈媒介对受众的绝对的影响力，显然是一种主观片面的看法。因为对受众的影响因素是多种多样的，各个因素在不同条件下的作用又有所不同。在不同的传播背景下，对不同的媒介和不同的信息，受众往往会采取不同的态度和评价，或接受，或部分接受，或拒斥，或批判。由于受众的动机、文化、信仰和地域等因素的不同，不同受众对媒介的反应也必然是不同的。即使是同一个受众，在不同的条件和环境下，对同一个信息也可能产生不同的反应。只用一两种简单的受众模式来说明传播接收的规律和特点，必然要把受众研究引向歧途。

第五节　传播效果分析

一、传播效果及其特点

效果是所有传播行为的终极目的，没有传播者希望自己的传播行为没有任何效果。因此，传播效果是传播学研究中研究最早、最受重视、发掘最深也是成果最丰富的领域。

传播效果位于传播过程的最后阶段，它是传播过程中诸多要素的集合作用，是受众在接收信息后所产生的某种变化。传播效果通常具有以下几个方面的特征。

（1）内隐性。传播效果产生于一系列传播过程之中，其核心部分以及具体过程都深藏于信息接收者的内心深处，研究者对传播效果的测评只能依据一定的方法和标准。

（2）累积性。传播效果的形成是接收者在对大量信息的经常接触中逐渐累积起来的，短期的、强大的效果一般是不易产生的。

（3）恒常性。传播效果一经形成就不易改变，受众一旦形成惯性就会抗拒某些方面的信息干扰。

（4）层次性。大众传播通过传播信息会对不同的受众产生不同的效果。效果有短期和长期之分，有显性和隐性之分，效果的表现还有感知的、情绪的、知识的、行为的等各种形式。

二、效果研究的四个阶段理论

1977年，美国学者伊莱休·卡茨将其研究轨迹分为三大阶段：第一阶段，魔弹论时期（1935—1955年），认为传媒具有巨大的威力，是万能的；第二阶段，有限效果论时期（1956—1960年），认为受众因为个人差异以及受到群体和社会环境等因素的影响，所以大众传媒很难改变人们的意见和态度，媒介的传播效果是有限的；第三个阶段，强效果时期（1960—1970年），认为受众接触大众传媒是因为有其自身的需要和满足需要的动机，大众传媒具有较强大的功能，但并非无限的。

此外，还有学者对传播效果的研究历史提出了不同的划分标准，其中比较有代表性的是美国传播学者赛弗林和罗杰斯等人的看法。

赛弗林吸收了卡茨提出的传播效果三阶段的划分中合理的部分，提出了"强大效果论"，认为效果研究有四个主要的理论发展轨迹：魔弹论（1914—1940年）；有限效果论（1941—1960年）；适度效果论（1961—1972年）；强大效果论（1973—1980年）。

罗杰斯则将1940年以来的传播效果研究历程分为三个时代：微弱效果时代；条件效果时代；随着电脑等新的传播科技的涌现，正在进入一个分层效果的时代。

至此，本书结合上述学者们的理论主张，把传播效果研究分为四个阶段，如表3-1所示。

表3-1 传播效果研究的四个阶段理论一览表

研究阶段	1935—1955年	1956—1960年	1961—1979年	1980年至今
效果理论	魔弹论	有限效果论	适度效果论	强大效果论
受者状态	被动、隔离	存在于一定的社会群体、关系与规范中	受者主动追求特定的信息	将受众置于社会心理学领域考虑
相关传播研究课题	军事宣传、商业广告	说服技巧、创新扩散、态度改变	使用与满足、议程设置、文化规范	沉默的螺旋
代表人物	拉斯韦尔	霍夫兰、拉扎斯菲尔德、施拉姆	卡茨	纽曼

(一) 魔弹论

如前所述，该理论认为传播媒介拥有不可抵抗的强大力量，而受众总是被动的、毫无反抗的，他们受传播媒介的摆布和控制。

在两次世界大战之间的几十年内，大众传媒如报刊、电影、广播等迅速发展，对人们的日常生活产生了巨大的冲击力，人们普遍认为大众传播具有惊人的强大效果，传播研究者认为大众媒介具有"魔弹式"的威力。

该理论产生的研究背景是当时西方盛行的本能心理学和大众社会理论。本能心理学认为，人的行为正如动物的遗传本能反应一样，是受"刺激—反应"机制主导的，施以某种特定的刺激就必然会引起某种特定的反应。大众社会理论认为，大众社会中的个人，在心理上陷于孤立，对媒介的依赖性很强，因而导致媒介对社会的影响力很大。

这种理论有很大的片面性和笼统性。它过分夸大了大众媒介的影响力，同时也忽视了受众对大众传播的自主权的选择和接受。受众是具有高度自觉的人，他们对信息不仅有所选择，而且还会自行决定取舍。此外，这一理论还忽视了影响传播效果的各种社会因素。传播效果与特定的社会环境、群体心态、政治、军事、经济及文化背景密切相关。

到了20世纪30年代，心理学和社会学的系列研究成果提醒人们，个性差异和社会关系差异等原因将会导致人们的行为的差异，也就必然导致人们接受大众传媒的效果程度有所差异。这些理论的提出彻底动摇了魔弹论的观点，进入20世纪40年代，传播效果研究进入有限效果论时期。

(二) 有限效果论

有限效果论，又称为"最低效果法则"，意思是大众传媒的传播效果由于媒介的性质和它们在社会中的地位而受到限制。

美国传播学者通过对政治选举和商业活动进行了大量的实证调查研究，推翻了早年的魔弹论的观点，发现大众传播媒介的力量相当有限，往往小于人际传播的影响力；而且传播媒介通常只能加强或削弱受众的原有立场，很难彻底改变他们顽固的态度和行为。其中最著名的，莫过于拉扎斯菲尔德提出的"两级传播"现象与"舆论领袖"概念。

1940年和1945年，拉扎斯菲尔德领导了"伊里县调查"和"迪凯特调查"，提出了传播学著名的"两级传播"现象和"舆论领袖"概念。

拉扎斯菲尔德在1940年的美国总统大选中，对伊里县的选民进行了一次调查。

调查的假设是：伊里县的调查能够证实大众媒介在构成人们关于在总统选举中如何行事的意向上具有直接的与强有力的效果。换句话说，大众媒介所宣扬的关于选举的观点将深刻地强有力地改变人们的选举行为或选举决策。

但是调查的结果发现：在影响选民投票决定方面，人际传播的影响比大众媒介更加频繁，而且更加有效。而且在研究过程中发现，来自大众媒介的信息首先会抵达一些关键的个人，接着通过这些个人将信息传达给他们身边的亲戚、朋友或同事。

在此研究基础上，拉扎斯菲尔德等人提出了"两级传播"的理论：信息从大众传播媒介传递出去，并不是直接达到受众，而是经过一些关键人物，才真正传递到受众那里。或者说在大众传播的传递过程中存在一个非常关键的环节——人际传播，人际传播的效果要比大众传播更加强大。在两极传播过程中，对于那些关键人物，拉扎斯菲尔德把他们称为"舆论领袖"。

1945年，拉扎斯菲尔德在美国伊利诺伊州的迪凯特，针对"舆论领袖"又做了一次调查。他们选取了购物、时尚、公共事务和看电影等四个方面，考察舆论领袖在这些方面的不同影响，并于1955年出版了《人际影响》一书，具体阐释了舆论领袖的相关理论，主要有以下主张。

（1）在社会的每一个阶层都存在着许多舆论领袖。

（2）舆论领袖比一般受众会更多地接触大众媒介。

（3）某一个特定领域中的舆论领袖在该领域中，具有相关的较高的知识素养和丰富的人生阅历。

两级传播理论是传播学理论中重要的观点，但也受到了后人的批评。因为毕竟不是所有的新闻都要通过两级传播，有的可能是一步到位，有的可能是多级。大多数人们仍然通过大众传播了解信息。

同时，拉扎斯菲尔德将受众分成了主动积极的舆论领袖和消极被动的大众，这也是不科学的。在不同的领域，人们常常会因为不同的兴趣而对大众传播采取不同的态度，并不是某些人天生就是舆论领袖，而某些人天生就是普通公众。

（三）适度效果论

魔弹效果论和有限效果论不是过分夸大就是过分贬低了大众传播的效果，而大众传播的真实效果应该是介于两者之间的，应该从传受双方的互动中来研究传播效果。基于这样的认识，一系列的研究提出了适度效果论。它们分别是使用与满足理论、创新扩散论和议程设置论等。在这里，重点介绍使用与满足理论。

使用与满足理论，主张以大众传播媒介的受众为出发点，将受众视为积极主动的使用者，而不是消极被动的接收者。通过分析受众的媒介接触动机以及这些接触满足了他们的什么需求，来考虑大众传播给人们带来的心理和行为上的影响。

在现代社会，接触大众传媒在每个人的生活中都占据着重要的位置。那么，受众个人为什么要接触大众传媒？这种接触对他们来说究竟具有什么样的效用？在这个方面，"使用与满足"研究把受众成员看作有着特定需求的个人，把他们的媒介接触活动看作基于特定的需求动机来使用媒介，从而使需求得到满足的过程。受众的需求是促使其接触媒介的动因之一。

（四）强大效果论

20世纪60年代到80年代，由于研究方法上对如何衡量效果有了新的进展，对传播效果的认识出现了明显的回升，这一时期的研究观点主要表现为强大效果论。代表人物是德国的传播学者伊丽莎白·诺埃尔·纽曼，其主要理论是"沉默的螺旋"。纽曼认为，只要大众传媒遵循一些传播规律和技巧，运用编排、筹划技能、统一的观点，加上日积月累的渗透力，就能取得强大的传播效果。当然，她所说的这样的效果与魔弹论时期的强大效果并不是简单机械的重复。两者之间存在着根本差别，因为它不仅对受传者在传播过程中的主动性、积极性有充分估计，而且它对大众传播效力的估计是建立在必须遵循相关规律的基础上的。该理论认为，大众传播媒介可以取得强大的传播效果。

三、大众传播的社会宏观效果理论

（一）议程设置

人们都生活在大众传播媒介所建构的信息环境之中，通过大众传播媒介，人们了解所生活的社会，逐渐形成对社会的看法。大众传播媒介作为社会的"雷达"，深刻地影响着人们的生活，在这个过程中，人们发现：媒介似乎常常把大家的注意力导向某些特定的问题或争端上。因此，大众媒介越是突出某个议题或某个事件，就越会影响公众关心此议题或事件。这一导向就是媒介的"议程设置"功能。

议程设置有一个可能的功能：某一问题若被大众媒介所持续关注，那么该问题在公众心目中的重要性便会得到提升。

"议程设置"理论主张：

第一，媒介在大多数情况下不能决定人们怎样想，但能非常成功地告诉受众应该想些什么问题。

第二，议程设置理论所考察的不是某家媒介的某次报道活动产生的短期的效果，而是作为整体的大众传播具有较长时间跨度的一系列报道活动所产生的中长期的、综合的、宏观的社会效果。

第三，议程设置提供了这样一个思考视角——传播媒介是从事"环境再构成"的机构。

（二）"沉默的螺旋"理论

德国社会学家伊丽莎白·内尔·纽曼1973年提出了传播学中"沉默的螺旋"理论。这个理论的基本思想可以表述为三个方面。

第一，个人意见的表达是一个社会心理过程。人作为一种社会性的动物，总是力图从周围环境中寻求支持，避免陷入孤立状态，这是人的"社会天性"。为了防止因孤立而受到社会惩罚，个人在表明自己的观点之前要对周围的意见环境进行观察，当发现自己属于"多数"或者"优势"意见时，倾向于积极大胆地表明自己的观点；当发现自己属于"少数"或者"劣势"意见时，一般人会由于环境压力而转向"沉默"或者附和。

第二，意见的表明和"沉默"的扩散是一个螺旋式的社会传播过程。也就是说，一方的"沉默"造成另一方意见的增势，使"优势"意见显得更加强大，这种强大反过来又迫使更多的持不同意见者转向"沉默"。

第三，大众传播媒介在沉默的螺旋中扮演着重要的角色，因为它是人们获得舆论传播的来源。大众传播媒介通过三种方式影响沉默的螺旋：对何者是主导意见形成印象；对何者意见正在增强形成印象；对何种意见可以公开发表而不会遭受孤立形成印象。

经过大众媒介强调提示的意见由于具有公开性和传播的广泛性，容易被当作"多数"或者"优势"意见所认知。

可以看出，"沉默的螺旋"理论综合了诸多传播学研究成果，具有以下特点。

（1）该理论将受众放到社会心理学领域去考察传媒的效果，具有一定的启发意义。群体压力对于个体的影响，社会舆论对于个体的影响，是考察大众传播媒介的社会效果时不可忽视的重要因素。

（2）该理论明确了大众传播媒介的议程设置作用。大众传播媒介通过对某一个问题的报道，许多媒介对同一个问题的关注，都会形成一种媒介议程，在受众心理产生影响。

基于以上的研究成果，纽曼提出，只要大众传播媒介遵循以上的研究成果，就能产生强大的传播效果。

（三）"培养"理论

"培养"理论由格伯纳等人在20世纪60年代后期提出。该理论的着眼点有两个。

（1）分析电视画面上的暴力内容与社会犯罪之间的关系。

（2）考察这些内容对人们认识社会现实的影响。

通过研究，格伯纳等人得出结论认为，电视画面上的暴力内容与社会犯罪之间并没有必然联系，但是，暴力内容会增大人们对现实社会环境危险程度的判断，而且对电视媒介接触量越大的人，不安全感会越强。

因此，"培养"理论主要认为，在现代社会，大众传媒提示的"象征性现实"对人们认识和理解现实世界发挥着巨大影响，受大众传媒的倾向性影响的人们心中的"主观现实"会和客观现实之间出现很大的偏差。这种影响的产生不是短期的，而是一个长期潜移默化的"培养"的过程。

此外，关于大众传媒的社会效果还有"知识沟"理论。

可以看出，人类对大众传播效果和影响的认识经历了一个不断深化的过程，这个过程又是与对受众的认识紧密联系在一起的。这也说明，传播过程各环节是紧密相连的，我们只有加强对传播过程的研究，才能不断推进对传播行为的认识。

第六节　传播过程中的反馈

一、反馈及其意义

理想的传播状态应该是一个双向互动的过程：传播者将信息通过编码传递给接收者；接收者接收到信息后，对信息进行解码并实现对信息的理解，然后把他接收到信息的理解效果或相关态度再反馈给传播者。那么，在反馈阶段，接收者与传播者的角色就进行了互换：接收者变成传播者，而传播者又转变成接收者。这样，在理想的传播状态中，传播者与接收者的角色是相对的，存在着转换的可能。因此，反馈是理想传播过程中的重要一环，对它进行分析也就成为传播过程研究中的重要组成部分。

反馈是控制论中的重要概念，它指控制系统把信息输出后，信息传播的结果再返回控制系统，进而对控制系统下一次的信息输出发生影响，信息在这种循环往复的过程中不断改变内容，实现对整个系统的控制。

传播的目的是寻求相互之间的沟通，只有了解受众需要，才可能实现有效传播，这是符合传播规律的。关键在于传播者要重视受众的反馈，反馈是传播的重要依据。

传播的本质是传播者与传播对象之间的一个相互交流、沟通和影响的双向过程，传播的价值是在传播者与受众的相互作用中实现的。认识受众的反馈环节，才能真正还原完整的传播过程，揭示出人类传播的双向性质。同时，反馈是受众参与传播活动的主要方式，凸显了受众的主动性的一面。在反馈环节，受众由"信宿"变为"信源"，将对信息的反应（包括对信息内容、形式、价值、传播者行为等的看法）回传给传播者，实现与传播者的对话，并影响后续传播，因而反馈研究是受众研究的重要组成部分，有助于认识受众在传播中的真实地位和作用。

对传播实践而言，第一，反馈是连接传受双方的桥梁，特别是在大众传播中，受众是隐蔽的、不确定的，传播者非常需要反馈信息来了解受众。第二，反馈信息是传播者调节后续传播活动的主要依据。传播者通过反馈信息寻找实际传播与受众期待之间的差距，从而不断改进传播方式，以有效地增加传播在传受两端对信息理解上的一致性，提高传播的效果。第三，反馈意见是评估传播效果的一个现实尺度，这种来自受众的评价更为客观，有助于纠正传播者自我评价的偏差。第四，分众化传播越来越成为现代传播的主要趋势，反馈的作用就显得更加突出。分众化传播的实质就是对传播市场进行细分，细分的标准是受众的不同需求，而反馈信息是了解受众需要的重要来源。第五，受众不仅拥有知情权，同时还拥有利用媒介表达意见的权利和监督媒介的权利，反馈则是受众行使这种媒介表达权和媒介监督权的主要方式。

早期的传播学研究并没有涉及反馈环节，最早建立的传播模式是线性单向的，把受众看作信息的终点站，信息没有回流。但随着传播学研究的发展，对反馈的研究在不断深化。

二、忽视反馈的原因

总的看来，传播者并不十分重视开发反馈资源，反馈所发挥的作用也十分有限。分析其中原因，主要有以下几点。

首先，大众传播中的反馈机制存在先天不足，这是由大众传播自身的特点所带来的。大众传播是点对面的传播，传播者是具体的点，是有组织的机构，而受众则是人数众多的不确定的面,而且是隐匿、分散、混杂和变动的,这样,传播者不可能获得系统全面的受众反馈信息。同时,传播者与接收者由于没有处于同一个时空之中,大众传媒这种中介工具介于传受双方之间,使得传播者和接收者之间的传播关系是间接的、延迟性的,因此双方难以有直接的交流,受众也就没有机会向传播者当面表达自己的反馈意见。在这种传播格局中,不可能像以面对面为主的人际传播那样产生直接、及时、全面的反馈,大众传播中的反馈通常都是间接的、滞后的、零散的。这是它固有的局限性。

其次,从受众方面来看,受众参与传播的第一需要是接收信息,而不是反馈信息,即使在运用网络这种互动媒介时,受众也主要是利用其便捷的搜索功能寻找适用性的信息,而不是作为反馈源积极发言。能否积极反馈信息取决于受众的活跃程度、理解能力、表达能力以及反馈途径是否便利等诸多因素。因此,总体上受众的主动反馈总是寥寥无几的。这些零散有限、有时感性大于理性的反馈信息常常不能有效地代表公众的普遍意见,对传播者不具备现成的参考价值,需要传播者加以整理分析,特别是要跟踪累积性的反馈意见。

再次,从传播者的角度来看,有研究表明传播者最关心同事、上司对传播的反应,其次是新闻来源对传播的反应,而对一般受众的反应是不重视的。"受众本位"多半是一种理想的传播理念。传播者要么按自己的主观意图去组织和传递信息,要么以臆想中的大众口味作为传播的依据。很少有新闻机构会安排足够的人手及时收集、处理各类反馈信息,传播者也很少根据受众的反馈意见改变自己的传播意图和策略,多半只是对传播形式和技巧做些局部的调整。可见,传播者并未真正将受众的反馈放在传播运作的重要环节。

最后,由于传受双方对媒介的掌握能力不是相等的,在传播过程中占据的空间和地位是不平等的,传播者总是处于优先、主控的地位,因此,受众面对庞大神秘、无法掌控的媒介机器很容易失去在传播过程中对话的热情,放弃对话的权利,而传播者却能够轻易地控制受众的反馈,会根据自身的需要对反馈环节实施把关。例如,传播者会精心设计调查问卷的内容、安排调查的步骤范围、引导热线交流的话题,从而获得自己期待的反馈信息。同时还会对反馈信息进行筛选,过滤掉多数否定性的反馈,而将肯定性的反馈通过媒介加以扩散,既能够利用它们美化媒介的形象,又能够将它们作为诱导因素,吸引更多传播者所期待的但未必真实的反馈信息。

所以,在大众传播中,通常情况下是传播者的传播行为主动起作用,受众的反馈行为被动起作用,反馈信息的价值认定、是否得到回应、是否被扩散,都是由传播者决定的。控制论已经明确说明,反馈的目的是实现更有效的控制,大众传播中的反馈常常被传播者利用,经过调节产生新的目的性行为。从这个角度来看,反馈似乎更有助于形成传播路线的封闭性,而不是加强传受双方的互动性,其意义也就自然而然一直被忽视了。

从以上的分析可以看出,大众传播中的反馈是间接的、延迟的、有限的,有时甚至是被控制的,施拉姆的循环模式所暗示的传受双方完全平等、信息等量往返的观点并不符合大众传播的实际。

三、如何开发反馈资源

没有反馈信息作为依据的传播是盲目的。随着大众传媒走向市场和传媒技术的发展,受众的地位不断提高,受众的需求成为传播的主要出发点,受众的反馈也就不再是可有可无的了。尽管大众传播中的反馈有不同于人际传播的特点和种种局限性,有的是这种传播方式本身所带来的,也有的是因为传受双方重视不足、参与不足而造成的,认识这些特点和局限性,正是为了有效地寻求开发反馈资源的对策。

传受双方在观念上都应该树立起"双向传播"的意识。传播是人与人之间平等交互作用的过程,其基本前提是传播各方的主体地位的相互确认。在这种认识中,传播者更多的应该是对受众主体地位的确认,认清与受众之间是一种共生、平等的关系,而不是主客关系,受者和传者都是传播的主体,双方的互动才构成真正的传播。对受众而言,则主要是对自我主体地位的确认,认识到自己是传播活动的主动参与者和有效制约因素,而不仅仅是信息的被动接收者,自己可以通过积极的反馈表达自身的信息需求、监督传播者的行为、评价传播的内容,与传播者一起营建一个交流沟通、健康有益、公正平衡的信息环境。

具体做法上,第一,加大对大众传播中人际交流层面的开发,努力增强大众传播的可参与性、可交流性。近些年,各种节目主持人的设置、新闻报道的大众化视点的涌现、谈话节目的盛行、热线电话和各类受众栏目的开辟都可以看作在大众传播中引进人际传播的良好做法,是对具有亲和力的、人性化的传播格局的追求,而只有在这种传播格局中,积极主动的受众反馈才会成为可能。

第二,建设一个完整的反馈体系。狭义的反馈仅仅指受众主动发给传播者的意见信息,广义的反馈还包括传媒机构主动从受众那里获得的意见信息,以及独立于媒介之外的调查机构提供给媒介的相关信息。所以,完整的反馈体系应该包括受众主动反馈的通道、媒介自身的调查机构和独立于媒介之外的调查、监督机构。受众主动的反馈真实由衷但又零散,媒介调查机构的调查活动专业、系统、针对性强,但难免有主观倾向，独立于媒介之外的调查、监督机构则较为客观，三者取长补短，才能共同构建一个有效运行的反馈体系，获取真实、可靠、系统的反馈信息。

第三，拓展反馈渠道，为受众进行信息反馈提供便利。大众传媒应该规划出更多的版面和时间，供受众发表意见和看法。另外，在新的媒介环境下，除了传统的反馈渠道，如受理受众来信、接待受众来访、开辟热线电话、开设读者专栏、开展问卷调查、进行个别访谈、运用仪器测量等，还应该充分利用网络这一新的媒介搭建信息反馈平台。网络作为反馈渠道有着明显的优势，网上反馈的形式丰富多样，如电子邮件、聊天室、新闻论坛、公告牌、在线直播的实时交流等，网络传播快捷便利、高度开放和类似于人际传播的双向互动模式有助于提高受众的主体参与性，能够克服大众传播反馈延迟性、间接性和易被控制的弱点。

第四，科学地收集和处理反馈信息。媒介机构应当设立专门的信息反馈部门，安排专业的、充足的人手，系统地运用统计学、数学、社会学的理论和方法，科学规划和设计调查的目标、方法、步骤，建立反馈信息库，将调查获得的信息和个体受众的反馈意见共同纳入信息库中，进行编辑整理、分类编号、统计汇总和分析解释，找出其中的内在联系，探究出受众需求的层次、类型和规律，作为调节后续传播和确定目标受众的依据。

第五，正确对待不同类型的反馈。既要重视传媒主动寻求的反馈信息，也要重视个体受众主动发出的反馈信息；既要听从专家的反馈意见，也要把一般受众的反馈作为参考；既要接受肯定的反馈，也要接受否定的反馈。

第六，反馈机制的运作应该经常化、制度化。人们现在喜欢什么样的信息并不能表明人们将来喜欢什么样的信息，受众的需求和兴趣总是处在不断变化之中，因而，收集和处理反馈信息不是阶段性的工作，媒介机构应定期开展受众调查、开辟固定的受众专栏、长期跟踪反馈信息，使反馈机制长期有效运行，成为传播不可或缺的一个有机部分。

大众传播媒介必须重视受众，重视受众的反馈，满足受众的需要。新闻媒介应当首先满足受众的信息需要，其次才是娱乐需要。这是由于在目前的传播格局下，人们的大部分信息需要只能通过新闻媒介来满足，而娱乐需要则有很多替代物可以选择。当前很多媒介一味以娱乐性信息满足受众的做法，实在是舍本逐末。新闻媒介应积极地引导受众，调节其需要。

通过本章的分析可以看出，传播过程各环节之间是一个紧密联系的整体，对任何一个环节的研究都不可避免地牵涉到其他环节。人们只有将其联系起来进行考察，才能更加透彻、全面地认识传播过程。

第四章 移动新闻传播

第一节 移动时代新闻理论与实践新问题

移动传播正改变着新闻传播现象和活动，包括对新闻传播四大要素——传播者、内容、媒介和接收者的改变，对新闻传播方式方法的改变，对新闻事业和传媒产业的改变，对新闻媒介与个人、群体、组织、社会之间关系的改变。需要及时更新新闻理论，总结新的实践，抓住新机遇，应对新挑战。新闻教育和研究也要有相应改变。

一、新闻传播的要素问题

（一）传播者问题

移动传播带来新闻传播者新的构成，许多新闻单位以外的机构和个人也成为新闻传播者。"传播者"朝着"用户"的方向发展，大大提高了新闻传播的广度、深度和速度，以及全面性和群众性。

然而也带来一系列问题，如"把关人"缺失、匿名者随意性强等，网络空间里充斥着虚假、不良、有害、侵权的内容，同时还存在过度娱乐化等现象。明确移动传播者的权利和义务，提高其传媒素养和新闻素养，成为移动传播时代优化新闻环境和传播质量的重要措施。

在新闻机构中，传统媒体机构面临全面转型，包括传播业务向多媒体、全媒体、移动端传播转型，采编队伍向新媒体、全媒体化转型，经营管理向多元化、跨行业、移动端转型——有的机构利用自己的品牌声誉和传播力,通过自办公众号、微博等,开创新的传播渠道。

有人说,随着移动传播技术继续高速发展,不久以后专职记者将不复存在。这种说法是不准确的,事实上,简单消息也许人人都能从现场发出,而深度报道、预测性新闻等并非业余者能提供,且对更优新闻的需求是永远存在的。不过记者的工作内容和方式确实会与现在很不一样,信息整合将取代信息采集成为记者的主要工作。同时要推进公众参与和专业新闻工作的互补、互动和融合。

(二) 内容问题

人们耳熟能详的新闻定义,是"新近发生的基于事实的报道"。然而,移动传播时代的大量新闻,已不单是这样的报道,更偏重于真实、新鲜、传播对象需要的信息。许多新闻是实时传播和跟踪的,或基于大数据预测的,新闻的内涵与外延都相应扩展。对此,传播者和用户都要有所认识,自觉地开发利用,扬长避短、趋利避害。

真实是新闻的生命,然而移动传播的便捷性,信息发送者和转发者鱼龙混杂,使新闻的真实性难以保障,虚假新闻、托伪之作到处蔓延。所以在移动时代,辨别信息的真实性成为想得到真实新闻的接收者的一项新任务。

移动新闻传播的许多内容快而新、广而全、小而精,有即时化、碎片化、小众化、实用性和草根性的特点。但也会随之带来随意性强、缺乏把关和低俗化、"标题党"等问题。有研究显示,移动新闻的可视化、口语化(含网络用语化)和易读性水平越高,其被分享的可能性就越大。[①] 因此,对新闻传播内容进行科学的认识和把握,可有效提高传播质量和效果,提升传播力和影响力;要提高移动新闻的真实、全面、客观、公正性和社会效益,解决虚假、不良、有害、侵权内容问题,以及同质化、低水平、"标题党"等问题;要把好质量关,优化从信息收集、制作、发送,到了解效果、获得反馈等各个环节;还可通过移动终端加强各方交流互动,扩大共识范围和程度,提高引导效果。

(三) 媒介问题

移动传播技术迅速发展,智能手机迅速普及和优化,使传统媒体深感自危。《2016—2021年中国电视台运营情况与发展战略规划分析报告》显示:电视观众平均每

---

① 郝永华,阎睿悦. 移动新闻的社交媒体传播力研究——基于微信订阅号"长江云"数据的分析[J]. 新闻记者,2016(2):40-47.

日的收视时间在2013年上半年同比下降2分钟，至167分钟；2014年上半年同比下降4分钟；2015年上半年同比下降7分钟，减少幅度明显加大。而移动技术、移动传播的发展则十分迅猛，研发周期很短。

移动传播的技术日新月异，移动终端的媒介有随时、随地、随意等特点，各种媒介还可在移动终端相互配合、相互融合。传统媒体面对移动传播的机遇和挑战，亟须重新定位，创新传播方式和赢利模式。新媒体则要进一步研究通过移动端扩大传播和提升效果，改变过度迎合市场、只问经济效益、不顾社会效益的状况。

微博、微信等社会化媒体在新闻传播方面的影响也越来越大。它们有信息多元、直接反映情况和进行舆论监督等长处，但也易于传播虚假、不良、有害、侵权内容，包括情绪化、过激性乃至别有用心的言论。必须深入研究社会化媒体的用户行为、传播特点，开发利用和科学管理，充分发挥其积极作用，防止其消极影响。

还要研究移动时代的新闻媒介与个人、与群体、与组织、与社会的新关系和新影响，如人际关系、群体心理、网络动员、协商民主等方面的新发展。

（四）接收者问题

移动传播时代的新闻受众也有新的构成，许多原先不关注新闻的人也被大量的新闻所包围，乃至逐渐养成了"刷"新闻的习惯。

移动传播用户的选择余地很大，并往往在人际传播、群体传播的过程中，或在碎片时间中接收。这些都会影响到他们的注意和认知、思想和情感、态度和行为，以及对后续的传播行为形成良性的或恶性的循环，并对传播者带来很大影响。

例如，人们从自己的兴趣出发选择媒介和内容，并只在与自己兴趣和观点相似的社交媒介群体中获得信息和交流观点，形成"信息茧房"和"意见回音壁"。一些传播机构又根据接收者的选择记录"靶向"推送内容，即运用算法进行"精准传播"，对接收者的"自我封闭"推波助澜。这些都加深了人们的认识局限，并使优质的新闻内容和媒介得不到足够的认同。

要针对不同的机构和个人用户，帮助、规范和引导他们的传播行为，包括新闻性信息的接触、选择、制作、发送、转发和评论。还要研究接收者与传播者及其他接收者的新关系，他们的相应权利和义务，如何更好地服务他们，怎样提高他们的传媒素养，优化他们的传播行为，等等。

二、新闻传播的方式方法问题

传统的新闻传播主要靠媒体定时发送，而在移动传播的条件下，各种用户可随时随地利用移动客户端、社交平台等进行信息的传播和接收，新闻传播方式方法也有很大的变化，主要表现在以下三个方面。

（一）传播渠道的转变

移动时代的传播大多借助新媒体机构的网站、社会化媒体、移动新闻客户端等渠道，这些借助新媒体技术的平台改变了传统的单向传播模式，而即时传播、实时互动成为主流。现在传统媒体的转型尤其要关注移动新闻客户端，当然传统媒体和门户网站等都已有不少经验，如跨平台的媒介渠道组合，为不同的设备提供适配的版本内容，利用移动终端的交互性让用户聚合不同的网站和信息源，以及抢占渠道、构筑平台、内容差异化、产品整合、功能整合、利用多种商业模式等措施。

（二）信息存在和传播方式的转变

信息存在和传播方式的转变包括从吸引到推送、从链接到转发、从经过检查到未经检查的变化，以及实时化和互动化、碎片化和个性化、肤浅化和娱乐化等。

传播的碎片化可利用碎片时间，但也使其内容也相应碎片化。

手机使其用户方便地进行个性化选择，传播者方便地进行个性化推送，一方面使个性化的内容更符合接收者的需求，但也会带来信息受限、内容片面的问题，如上面提到的"信息茧房"和"意见回音壁"问题。

手机、社交媒介的内容短而小，又容易肤浅化、娱乐化。许多人在碎片的时间，也倾向于接受碎片、肤浅、娱乐性的内容。

（三）新闻实务的新要求、新方法和新问题

例如远程化信息采集、多信源内容整合；怎样利用大数据更为快捷和准确地把握热点，提供更符合传播对象需求的信息；如何对来自虚拟世界的信息去伪存真，对用户创造内容进行开发利用和辨别把关，形成优胜劣汰的机制，防止"劣币驱逐良币"。甚至可策划一种实时的身临其境、无处不在的新闻报道。[①]

三、重新认识新闻业，改进新闻管理

移动时代的新闻事业和传媒产业的环境、结构及发展路径都有了新的变化，媒体

---

① 伊士国，尚海龙. 论微博问政的法律规制［J］. 新闻爱好者，2015（11）：53-55.

融合已延伸到传媒机构融合，传媒业与电信、互联网、手机、商业等其他行业的融合。新闻传播的法制、行政和行业管理也要在观念、目标和方法上与时俱进，保障、促进积极作用的发挥，限制、防范消极影响的产生，形成优胜劣汰的机制。

需明确新的管理目标和对象、理念和方法，优化行业、党政部门、社会公众的支持帮助、检查监督机制，并根据传媒机构的不同特点，优化战略管理、经营管理、质量管理，如防假机制、内部自律等。

根据移动传播的现状和趋势，确定多维度、多层面的新闻传播发展目标和实现方法，包括媒介目标、内容目标、效率目标、效力目标以及这些目标之下的更具体目标，如媒介的信息传递、意见交流、宣传引导、舆论监督目标，媒介的公信力、吸引力、传播力、影响力目标，媒介机构的生产率、竞争力目标，媒介消费目标等，进而根据这些目标确定相应的方法。

对新媒体与传统媒体的管理需统一起来，管理方法要科学化、规范化、法制化。管理规则的制定要遵循行政参与原则、行政公开原则、正当法律程序原则，建立科学的新媒体传播政策法规制定和执行程序。

新闻机构则需根据移动传播的发展态势，全面调整媒介经营、平台经营、机构经营，完善战略管理、质量管理、经营管理、组织管理，进而建立新的传播平台和赢利模式，展开从业务到组织的全面转型。如上海报业集团，创办了三大三小六个新平台，都延伸到移动端，甚至以移动端为主。其中的"上海观察"App由集团旗下的解放日报社创办，把严肃的公文和领导讲话中蕴含的重要信息通过通俗的方式传递出去，帮助读者理解和消化，探索机关报在互联网时代表达上的创新。在此基础上，2016年开始推进解放日报社的整体转型，把"上海观察"和解放日报组织机构的内部体制完全打通，完成全国第一家党委机关报的整体转型。同时探索新的赢利模式，把优质内容和传播流量变现。

第二节　移动传播时代的新闻价值问题

许多人把新闻价值与新闻的价值混为一谈，既不利于发掘新闻价值，又不利于创造新闻的价值。对新闻价值中的真实性、新鲜度、需要性，也有一些简单片面的理解。在移动时代，新闻价值又遇到一些新问题。

一、新闻价值与新闻的价值

（一）新闻价值

价值可以指事物或人物的有用性，如欣赏价值、学习价值、实用价值；也可以指事物或人物的"含金量"，即所含的某种有价值的东西，如"价值规律""价值形式"中的"价值"——蕴含在商品里的社会必要劳动。新闻价值是指后一种价值。

新闻价值就是使信息具有新闻性、能成为新闻的东西，由信息的真实性、新鲜度、传播对象需要所构成，不同于新闻的价值——新闻的使用所产生的价值，即使用价值。

作为事实性信息，新闻首先必须是真实的，虚假的、虚构的、想象的内容不仅不能消除人们对事实的误解，还会增加不确定性。

真实和新鲜是新闻价值的基础，只有既真实又新鲜的信息，才有新闻价值，才能是新闻，否则就只能是文学、广告作品或其他东西。而只要是真实而又新鲜的，一般就也是传播对象（或受众）需要的，于是就有新闻价值了。

然而，仅有真实和新鲜，其新闻价值可能并不大，比如一些明星趣事。如果又是重要的，而且还与受众有很大关系，其新闻价值就大了。正是传播对象需要的大小，决定了新闻价值的大小。

传播对象需要是指客观上对他们有知晓意义。虽然一般表现为他们主观上想要，或者说感兴趣，但并不完全如此。比如感官刺激性强的信息，是许多人特别感兴趣的，但不一定是对他们特别有知晓意义的，也就不一定是特别有新闻价值的。

新闻价值应是报道者选择新闻的重要标准，因而也是新闻作品及其传播媒介的主要质量标准。

（二）新闻的价值

新闻的价值就是新闻的使用价值，与新闻价值的区别就是价值与使用价值之别。新闻价值与新闻的质量相对应，新闻的价值与新闻的作用相对应。

新闻价值是使信息成为新闻的素质，这是从新闻的构成来看的，其"价值"是指含金量。而新闻的价值，则是从新闻的使用来看的，其"价值"是指有用性，即新闻经过传播后可产生的作用：有沟通信息的信息价值，产生宣传教育作用的宣传教育价值，集散文化和提供娱乐的文化娱乐价值；有帮助政治活动的政治价值，提高经济效益的经济价值，促进社会和谐的社会价值；等等。

从功能与作用来看，新闻的基本功能是告知，它源于新闻价值，告知后可产生的政治、经济、文化、舆论等各种作用，产生新闻的使用价值。

可见新闻价值与新闻的价值虽仅一字之差，却有天壤之别。区分两者可避免在新闻工作中混淆标准，以新闻的使用价值取代新闻价值，使新闻报道缺乏新闻性，有违新闻规律，也有损于新闻的使用价值。许多人把两者混为一谈，或把新闻的价值作为新闻价值，要求在新闻选择和加工处理过程中，宣传作用压倒一切。于是在新闻报道中夸大、突出、重复或缩小、推迟、隐瞒成为常态，新闻媒介的公信力和国际竞争力严重受损。

但两者也是有一定联系的。新闻价值是产生新闻的各种使用价值的基础。没有新闻价值的信息如果也有使用价值，那可能是广告、文学或其他价值，而不是新闻的价值。一般来说，新闻价值较大的信息，其使用价值也会相应较大，至少关注的人会多些，关注的程度会深些，影响面和影响力会大些。反过来，新闻的使用价值也会关系到新闻的重要性、接近性，影响到新闻价值的大小。

二、新闻的真实和新鲜

真实是新闻最基本的素质。不真实的报道也会有广告价值、娱乐价值等，但不是新闻价值。

新闻的真实有表象真实和真相真实、局部真实和整体真实、浅层真实和深层真实，它们构成新闻真实的三个维度。

新闻的新鲜是指能给人带来新的听闻或见闻，包括时间、角度、层面的新。

新鲜与新近既有联系又有区别。新近的事许多是新鲜的，但更多的并不是新闻。比如："我刚才吃了饭。"这绝对新近，但不新鲜，也不能是新闻。

新鲜的事大多是新近的，但也并不全是。比如："我前天吃了5斤饭。"这就新鲜了，虽不新近。此外，新鲜的事还有正在发生的和将要发生的事。

一般来说，事情越是新近，就越是新鲜，因此新闻报道要尽可能快速、及时。然而即使是一件大家已经习以为常的事，或已经有过众多报道的事，也可以是从新的角度、新的层面，发掘出以前没有被注意、被认识的方面，令人感到新鲜，或还能有其他的新闻价值。

上海杨浦大桥建成时，许多传媒报道了该桥是当时世界上跨径最长的斜拉桥。《新民晚报》记者却另辟蹊径，以该桥的建设打造了质量的丰碑为视角，作了整版的长篇报道，获得了全国好新闻一等奖。

新鲜本身也能使信息为受众所需，可让人们产生新鲜感、满足好奇心、增长新见识、满足知新欲。因此信息只要是真实的和新鲜的，一般就会有一定的新闻价值。虽然新鲜却对受众没多少意义的信息，或虽不很新鲜却十分值得关注的信息，也比比皆是。信息还有其他素质使其为受众所需。

三、新闻的传播对象需要

（一）传播对象需要的必要性和相对性

新闻还必须是传播对象需要的。有许多信息是传播者需要传播的，但不是受众需要获得的，尽管采用了新闻报道的形式，也仍然不是新闻，而只是软性广告、虚假新闻之类。这种伪新闻与真新闻的根本区别，就在于伪新闻受众一般不需要、不感兴趣，因而缺乏新闻性。

受众的需要会有很大差异。"上海明天有强台风"会出现在上海报纸的头版，但在国外的报纸上不一定找得到。所以说新闻、新闻价值也是相对的，因人而异的。对某些人是新闻，对另一些人可能并不是新闻；对某些人有新闻价值或新闻价值很大，对另一些人可能就没有新闻价值或新闻价值并不大。

（二）受众需要与想要的联系和区别

受众需要通常表现为想要、感兴趣。我们经常看到，人们越是需要的信息，就越令人感兴趣，如重大突发事件的报道。反过来，人们越感兴趣的事，通常也越能成为新闻。

但这只是"通常"如此，并非"全部"，受众需要的并不完全等于受众想要的、感兴趣的，而是客观上对受众有知晓意义的。受众需要的程度与想要的程度、感兴趣的程度也往往并不一致。

例如，有些重要信息，受众并不知其重要，或不知其与自己有何关系，因而并不感兴趣，或并不很感兴趣。2005年4月29日，中国证监会发布《关于上市公司股权分置改革试点有关问题的通知》（以下简称《通知》），许多人对此并无多少兴趣，许多新闻媒介也没有予以足够的关注。然而实践证明，股权分置改革是当时中国股市出现转折的重要因素，这个《通知》应是许多人很需要的，很有新闻价值的。

反过来，并非人们越想要的、越感兴趣的信息，就是人们越需要的、新闻价值越大的。许多奇闻逸事令人很感兴趣，但一般只被编排在新闻栏目的末尾，就连许多商业性传媒也是如此。

中国新闻界前辈范长江在《记者工作随想》一文中提出:"新闻就是广大群众欲知应知而未知的重要事实。"其中,欲知的当属于感兴趣的;应知但又不是欲知的,当属于应知但又不是已经感兴趣的;而未知的当属新鲜的。

(三) 把受众需要与感兴趣统一起来

可把受众需要的信息分为三类。第一类为受众有直接兴趣的,比如很新奇的,或受众明显感到与自己的利益密切相关的。第二类为受众有间接兴趣的,比如有些重要信息,受众感到与自己的切近利益并无关系,仅与长远利益或有关联,仍值得知道一下。第三类为受众并不知道自己需要,因而没兴趣或兴趣很小的。

其中第一类信息的数量最多,第二类次之,第三类最少。按吸引力排列也是如此。因此有些新闻传媒只对第一类的有兴趣,因为较容易吸引眼球。

但若按重要性排列,往往第二、第三类为上,第一类次之。因此社会责任性强的、尽力为受众服务的新闻工作者和新闻机构,不是紧跟在受众兴趣的后面,而是对第二、第三类信息也高度重视,尽力提供受众需要的,而不仅仅是受众想要的信息。

还要善于捕捉和呈现新闻价值,包括善于发现和揭示出第二、第三类信息的重要性及其与受众的关联。这种揭示不是在报道中直接进行主观判断,而是可以通过其他事实的引证和有关专家的看法,或另写新闻评论进行揭示。

四、受众需要和感兴趣的元素

在新闻性信息中,使受众需要和感兴趣的元素(或特质)有很多,其中有的是要素——必要或重要、主要的元素。它们往往交织在一起,并有相对性。

(一) 真实和新鲜

新闻中的真实和新鲜是必要元素,且缺一不可,无此便不成为新闻,也就不存在新闻的使受众需要和感兴趣的元素。而只要有了它们,就可成为新闻了。

(二) 其他元素

其他主要元素还有重要、显著、接近、有味。

(1) 重要,即对社会和个人会有重大影响。重要的信息往往最令人感兴趣,经常被放在新闻媒介的头条。

(2) 显著，即很突出。新闻中的人物、机构、事件、场所等越著名，新闻价值就越大。谁家的房子在装修不是新闻，而故宫修葺，还没动工就已经是新闻。

显著与重要既有联系又有区别。一般重要的也是显著的，但在人们并没有认识到其重要性时，往往并不显著。有些重要的学术成果在刚发表时，并不显著。而许多显著的人和事也并不一定是重要的。

(3) 接近，即与受众的关系近。这主要为空间关系上的近，对上海的事情，上海人远比北京人感兴趣；附近街上有汽车撞人了，会比万里之外的交通事故更令我们关注。实用也是一种接近，如某地公交车票降价、某银行卡异地存取款免费等。还有许多其他关系上的近，对于有许多外汇存款的人来说，国际经济的变化、汇率市场的波动，会比本地二手货市场的价格更令他们关注，这是经济关系上的近。对于有子女在某国读书的父母，该国学费的涨落、打工机会的多少会比本地的学费和打工机会更令他们关注，这是由于心理或利益关系上的近。《足球报》在全国都有不错的销路，是与许多人兴趣上的近。此外，还有文化、职业、年龄、需求、嗜好等关系上的近。

(4) 有味，包括趣味、意味、人情味。"动物园猴山兵变"，这是有趣味。"父亲捐肾给儿子"，这是有人情味。能引起人们好奇、惊异、喜爱、怜悯等情绪、情感的大多有味。

在实际操作中，由于真实已经不言而喻，因而这四种元素可与新鲜一起，并称为五要素。

此外，令人感兴趣的元素还有独特、反常、悬念等。但这样的信息大多也具有上述元素。比如独特的或能称为第一的人和事，一般也是新鲜的、显著的、有味的；又如反常的事也是令人感到新鲜的，许多悬念正是因为与上述元素有关。

(三) 交织和相对

上述各种元素往往相互交织在一起。有些人和事既新鲜又重要和显著，有些则既有接近性又有趣味性，等等。这些素质越多、越强，新闻价值也就越大。

受众需要与否、感兴趣与否，都是因时、因地、因人而异的，因此新闻价值也是相对的。北京房价上涨的消息可以上北京报纸的头版，也可能进上海报纸的第二版，而在他国的报纸上不会有。有些经济新闻对经济类报纸的读者是重要的，对生活类报纸的读者却未必重要。

五、移动传播的新闻价值问题

移动传播大大增加了信息来源的数量及其传播速度，提高了新鲜性，同时也增加了出错的概率。例如，出现许多"反转新闻"——与初始信息完全相反的新闻。

移动传播由于传播者众多，把关困难，新闻真实有了更多实现的可能，同时也有了更多受干扰的可能，以至于虚假新闻泛滥，让许多人无所适从。

移动传播产生出具体而详尽的传播者、内容、用户等数据，为利用人工智能进行大数据分析提供了可能。移动传播的个性化也为利用人工智能进行个性化推送提供了条件。这些新变化既带来新机遇，又带来新挑战。

从传播对象需要来看，移动传播大大增强了接收者在新闻传播中的话语权、传播者对他们的迎合以及传播内容的娱乐性。

移动传播给了接收者海量的选择，以及极大的选择方便性。他们当然会选择最满足自己需要的新闻，于是仅从传播者需要出发的内容就会"落选"，满足传播对象的需要、提高他们的满意度比以往更加重要。

此外，移动传播又要引领、提升这种需要，努力发掘和满足符合公众的根本、长远利益的需要，而不能一味迎合人们的兴趣。然而，人们想要什么就提供什么，往往更能获得人们的选择，得到更好的经济回报。这种矛盾在接收者的主动权大大增强的移动传播中更加尖锐。

在移动新闻传播的重要渠道微博和微信中，娱乐性的内容占很大比重，许多严肃内容也以娱乐的方式呈现，新闻和时事评论也是如此。有人认为应在构成新闻价值的元素中增加一项——娱乐性。不过上述"（二）其他元素"中的"有味"，包含了趣味，即使人感到愉快，能引起兴趣的特性，而"娱乐性"也是使人感到愉快的特性，只是在引起兴趣方面稍弱些，可大致归入趣味性。

这些问题的解决办法，从新闻真实问题的解决中可见一斑。

第三节 移动传播时代的新闻真实及其实现

人们的判断和决策，以及认知和思想情感、态度行为，都是基于一定的信息。虚假错误的信息会带来严重的后果，对个人、组织和社会都是如此。在当今移动时代，人人都能方便地甚至匿名地面向社会发送信息，传播内容更加充分和多元，然而也伴随着虚假信息、谣言谎言泛滥的问题。而且，人们倾向于期待、接收那些与自己价值、态度、情感和愿望相近的信息，对其真伪容易忽略或不作留意。对此亟须深入探讨，以保障新闻传播的真实性，提高对虚假信息的辨别力和防范力。

一、新闻真实

(一) 新闻真实的三个维度

新闻的真实有表象真实和真相真实、局部真实和整体真实、浅层真实和深层真实，它们构成新闻真实的三个维度。

1. 表象真实和真相真实

表象是表面上呈现出来的，与真相可能一致。

有的报道纯系杜撰，连表象真实也没有；有的报道确有其事，但可能并非真相。近年来频频出现"反转新闻"，即真实结果与初始的报道相反的新闻，且后者才是真相。究其原因，有的是见了表象就匆匆发布，没做细究；有的是故意造假，以表象惑众。

表象是认识事物的入口，新闻报道者也只能先看到表象。所有表象都在一定程度上反映真相，有的反映比较直接、充分，有的反映则比较曲折、稀缺。假象也是实质的曲折反映，只是让人以为有某一种事实，而实际上是有另一种事实而已。

因此新闻报道首先要保证表象的真实，包括每一个细节的真实准确，不可虚构想象，也不可摆布修饰。对真相尚不清楚的时候，新闻报道不应妄加推测。例如，报道某人从楼上坠落，不能随意说是跳了下来或跌了下来，因为此时可能还不知道事件背后的真实情况。

有人认为，表象无所谓，只要有实质的真实就行。于是在新闻写作中添油加醋，尽力拔高或贬低；于是在新闻摄影摄像时进行摆拍，或用电脑软件"造相"。这混淆了新闻与文艺作品的区别，为捏造事实、混淆视听开了先例，也令人怀疑其他报道的真实性。

即便只是为了使表达得更生动些，使画面更美观些而做的修饰，也改变了事物的本来面目，虽不完全是假新闻，也是虚的，也属虚假之列。既破坏了新闻工作的基本原则，也会损毁有关媒介的声誉。

此外，"事实"及其"表象"是存在论意义上的概念，而新闻报道的"真实"乃认识论意义上的概念，是主观认识基础上的反映与客观存在的吻合。人们往往会有意或无意地按照对自己有利的方式进行表述，在一定程度上偏离真实。新闻采访对象和报道者自己都可能如此。此外，报道者的知识面、能力、工作态度，都可能使新闻报道被表象所惑，背离真相。

可见新闻传播仅反映表象是不够的，还要尽可能反映、揭示真相，即表象背后的事实。如果由于条件的限制，无法确认是否为真相，也要让受众明白有关事实的可信程度，并给纠正失误留有空间。

2. 局部真实和整体真实

新闻传播的真实还有局部真实和整体真实之别。把所有在局部意义上真实的负面新闻堆集起来，并不能反映社会的整体真实；反之亦然。对一件事、一个人、一个群体、一个机构、一个地方等的报道也是如此。许多假象，正是通过以局部真实说事而产生，犹如记者到火车上问乘客，是否买到了春节回家的火车票。

3. 浅层真实和深层真实

浅层真实是表面上呈现出来的真实。深层真实是事物之间关系的真实，包括因果、意义、影响和趋势的真实。不仅深度报道涉及这些问题，其他报道在新闻选择和处理的过程中，也会受制于这些真实的认识。因此新闻传播者要努力提高对深层真实的把握和反映水平，传媒体制也要给予相应的保障。

（二）对新闻真实的把握

强调新闻报道首先要"真"，不仅是要求剔除那些虽新鲜但却不够真实的报道，而且要求不被表面、局部现象所惑，不满足于表象、局部和浅层的反映，还要努力追求真相、整体和深层的真实，包括新闻背后的新闻，正反两面和多侧面的真实，事物的内在联系、相互关系、发展变化规律，等等。这些都需要新闻能力和职业精神，也需要相应的体制支持，保障各种真实的揭示，宽容难免的失误。

二、新闻真实的新机遇、新挑战

基于手机和平板电脑的移动传播，大幅提高了新闻传播的自由度，每个人都能轻易地成为新闻内容的传播者，从而使新闻传播的内容更加丰富和多元、新鲜和广泛。然而，也会使虚假信息、不良信息和侵犯隐私权、名誉权、著作权等信息大量增多。

（一）信息源和传播者

移动传播使信息源和传播者大大扩展，也更加鱼龙混杂。同时，新闻媒介数量更多、竞争更加激烈又使许多传播者缺乏深入信息源掌握第一手材料的耐心，往往未加分辨便传播开去。其中大多数传播没有传统媒体那样的层层把关。这一方面使许多新闻信息和意见的反映更加充分、多元；另一方面绝大多数传播者缺乏新闻学知识，许多传播内容缺乏真实准确性和全面、客观、公正性。各种有意无意的谣传也得到迅速广泛的传播。

实证研究发现，自我表现、个人报复和发泄不满情绪，是大多数发布和传播谣言者的主要目的。自我表现大多意在提高网络人气、获得关注、寻找自我存在感和自我价值感。谣言的首曝媒体分布次序为：微博、网络社区论坛、网络新闻、微信、报纸。谣言仍以文字为主，但图片、外部链接的形式出现也给受众带来了信息源可靠的感觉。谣言的制造方式主要为：无中生有、张冠李戴、断章取义、添油加醋、冒名顶替和关联名人。谣言往往制造、利用恐惧和愤怒情绪。移动传播让事实更充分呈现的同时，也让谣言"如虎添翼"。

移动传播加剧了媒体竞争，使许多媒体机构也不能像过去那样从容核对事实，难免忙中出错，导致新闻失真。激烈的市场竞争又使传媒尽可能满足市场需求，乃至千方百计迎合市场，于是市场导向、商业原则大行其道，新闻职业精神、专业要求，包括真实、全面、客观、公正的追求退居其次，被标题党、算法推送等取代。

（二）内容和媒介

移动传播加剧了市场导向，反常离奇、刺激轰动的内容，迎合偏见、投人所好的内容，乃至虚假新闻、不实言论比以往更容易大行其道。

在新闻生产上，移动传播的短小、碎片化擅长反映表象、局部、浅层的真实，而较难揭示整体、深层的真实，使前者的数量、比重会越来越大，后者则越来越小。

移动传播将媒体机构报道的新闻与大量自媒体发布的内容混淆在一起，模糊了事实与虚构的边界，一些网上内容被软件自动抓取，未经有效核实就推送给用户，并成为其他媒体的信息来源，导致虚假内容广泛扩散。

移动传播带来的自媒体，有一部分仅仅是为了吸引流量，便采取搞怪、危言耸听、简单粗暴、哗众取宠等手段，迎合人们的猎奇需要，发泄欲望，而置真相于不顾。出现突发事件时，不是争相去第一线探究发掘真相，而是热衷于大胆猜测和语出惊人，既节省了人力、物力，又能快速博人眼球。以至于有媒体评论人说："自媒体太多，记者太少，事实不够用了。"这种现象是很值得人们思考的。

（三）传播方式

上面已提到碎片化和算法推送的问题。推荐算法就是通过追踪用户的网络行为，运用一些数学算法计算出个人特征、环境特征等相关信息，并推测出用户可能喜欢的内容。其类型包括基于内容的、基于用户协同过滤的、基于关联规则的等数种常用的和数十种在用的算法。仅就信息分发的角度而言，算法要了解并匹配三方面的特征：一是用户特征，包括兴趣、年龄、职业、手机型号、阅读历史等；二是环境特征，算法会根据时间、地理位置、网络情况、天气情况等环境特征，因时因地地给用户做推荐；三是通过算法去分析文章的内容和特征，包括关键词、主题词、标签、热度、时效性等。三项特征相匹配后，用户就获得了智能平台推送的个性化推荐信息流。算法媒介平台上，每个用户都有一个高维的向量表，每篇文章（包括文字新闻、图片、视频、直播、问答等）也都有一个高维的向量表，用向量计算就知道图像里面是什么，知道它的内容能产生什么样的情感——悲伤、快乐、害怕……机器知道用户在什么时候想看什么，平台对信息进行过滤、审核、个性化分发，之后还有互动、交流和二次传播。算法推荐不只是参与信息分发，还参与创作、审核、互动。①

算法很难判断真伪，更难做出价值判断，目前基本只能根据已有的信息推断、选择传播对象想要的，而非传播对象需要的、更符合公众与社会的长远和根本利益的、更符合新闻传播的社会责任的信息。

有研究发现：某新闻类网站的算法的内容取向主要为场景、内容、用户偏好和平台优先级，这些标准内嵌于代码编写与设计之中。场景因素主要表现为本地新闻的高覆盖率。覆盖率50%以上的新闻中，本地新闻占一半以上。内容上，具有重要性、冲突性以及流行度的内容更容易通过算法筛选并进入用户视野。用户偏好可分为两种类型。一是用户主动表达的偏好（Explicit Preference），包括点赞、评论、收藏、关注、转发、搜索、屏蔽。二是用户含蓄表现出的偏好（Implicit Preference），主要是指媒介组织通过收集和分析用户数据而推导出的偏好。这些数据包括用户的注册信息、社交账号、GPS定位、IP地址、使用的手机型号等。平台优先级（Platform Priorities）是影响该新闻类网站信息流呈现的因素之一，例如，该网站会在用户信息流中优先呈现自己平台上的视频而非其他网站上的视频。②

此外，人们在手机上看到的新闻性内容，往往已是经过了多级传播，不知最初来自哪个媒介。于是媒介品牌变得不太重要，有些媒介以虚假内容、标题党手法博眼球。而在多级传播过程中，有些新闻又已被有些人重构过了。③

---

① 陈昌凤，石泽. 技术与价值的理性交往：人工智能时代的信息传播 [J]. 新闻战线，2017（9）：71-74.
② 王茜. 打开算法分发的"黑箱"——基于今日头条新闻推送的量化研究 [J]. 新闻记者，2017（9）：7-14.
③ 张志安，吴涛. 互联网与中国新闻业的重构——以结构、生产、公共性为维度的研究 [J]. 现代传播（中国传媒大学学报），2016，38（1）：44-50.

（四）后真相与移动传播

"后真相"（Post-truth）被《牛津词典》评选为 2016 年度词汇。其解释为：后真相是指情绪和个人理念影响公众意见，而事实真相反而无足轻重的氛围。换言之，后真相的主要表征是情绪的影响力超过对事实真相的寻求欲。2016 年"后真相"一词的使用率是 2015 年的 20 倍。

造成这种情形的原因有很多，包括经济与社会的不确定性，后现代主义和相对主义的全面兴起，但移动传播、社交媒介的大幅度普及无疑是重要原因。

主要基于移动传播的社交媒介让人人都能面向公众发送信息，许多人在事实还不清楚时已急于通过社交媒介发表评论。人们接收信息也越来越多地从专业媒体转向社交媒介。反常、诡异、情绪化、耸人听闻的流言往往比事实更能吸引眼球，缺乏"把关人"的社交媒介得到广泛传播。许多人对信息可信度的优先排序是：微信私聊里说的＞微信朋友圈里说的＞微信社交群里说的＞大众媒体里说的，尤其是涉及与媒体的倾向性不一致的事情时。

此外，移动媒介的低信息容量很难全面客观地传递信息；移动传播使传媒市场竞争更加激烈，有些传播者一味猎奇，或等不及核实就抢先发表。这也给片面、主观、虚假信息增加了新的土壤。

从深层看，人们往往更倾向于选择那些符合自己的看法、能满足自己某种心理的信息。在注意、理解、记忆过程中都是如此。现在移动传播用户获得信息往往是经过所谓的"协同过滤"，即往往不再是自己找来信息，而是来自社交媒介如朋友圈、微信群，它们在帮你过滤。使你关注跟你相似的人、你所偏好的事，它们把相似的观点给你，使你原有的观点更加固化，甚至偏执化，进而倾向于接受与自己观点一致的信息。传播机构的大数据分析、算法推送，也使接收者局限于同自己原有的选择偏好相符的传播内容，不断加强这种偏好和相应的思想情感，一定程度上排挤了纠正偏误认知和思想情感的机会。

为此，我们需要重建一种基于事实的理性，发挥"反思和选择"的力量，摒弃偶然和暴力的恶性循环，如此方有和谐社会、和谐世界。

（五）人工智能带来新机遇、新挑战

移动传播进一步推动人工智能用于新闻传播的信息收集、内容选择和加工制作、产品的个性化和高效率发送、效果测量分析等。现在已有软件能够利用大数据，基于新闻模板、框架和算法，瞬间撰写、发送出上百篇报道，而且使用范围也有扩大的趋势，许多主流媒体已成为它的客户。

人工智能的新闻产品大量增加，会挤压其他新闻产品的市场空间，包括人工智能不擅长的揭示真相，整体、深层和真实的新闻产品。因此，我们要有意识地发展人工智能在揭示真相，整体、深层和真实方面的能力，同时注重培养新闻从业人员的这方面能力。

三、新闻真实的实现

（一）综合施治

为更好地实现新闻真实，需从传播和接收两方面综合施治。

对传播方的调控方法，可从法律、行政、经济、社会等方面实施，包括行业组织和社会舆论，以及传媒机构的自律。①

具体到保障信息真实的问题，需形成和优化相应的体制机制，包括把有关法律制度量化细化、权责明确化、公开透明化，建立完善的法规制定程序和依法查处机制；及时、公开、透明、准确地发布信息，尽力让真相跑在虚假信息之前。

鉴别新闻真伪可一看来源，包括信息提供者、作者、发表之处等；二看质量，包括准确性、精确性、简洁性，有无常识性问题；三看权威媒体的说法。

传播治理方法中，有些可立竿见影，但只管用一时一事；有些则利弊参半，甚至弊大于利；有些只是着眼于"供给侧"——传播者，而在目前的移动时代，或者说网络传播时代，接收者、用户对传播的影响已占主导地位，因此我们还要从"需求侧"发力。

经过实践验证，所有这些方法中，最根本、长效和有益无害的办法，应是倡导新闻专业精神和提高媒介素养、新闻素养。

（二）倡导新闻专业精神

新闻专业精神的内涵包括追求真实、揭示真相，全面、客观、公正地报道新闻，尽力履行沟通信息、瞭望环境、反映民情、代表舆论、监督权力等使命。它与新闻专业主义大致相似，但少了排他性。

有些人感到，在后真相、算法推送、人工智能时代，新闻专业主义失灵了。然而，在这样的时代，更需要新闻专业精神，乃至普及为全社会的新闻素养。

---

① 谢金文. 新闻学导论［M］. 北京：清华大学出版社，2014：150.

新闻专业主义是源于新闻专业化要求的一系列主张、理论和理想。新闻专业化要求在拥有更好的专业知识与技能的基础上，以更自觉和自律的方式，向社会提供高质量的新闻服务。新闻专业主义包括新闻是什么和如何实现其重要作用，主要基于新闻媒介的角色功能和新闻报道的要求原则。

新闻专业主义的基本理念和逻辑为：

（1）新闻传播、新闻媒介具有传递信息、交流意见、整合社会等重要作用，是社会瞭望、沟通、整合的重要工具。

（2）新闻工作要尽可能客观地报道有价值的新闻，尽可能反映事实，揭示真相，彰显真理。

（3）新闻工作者需遵守新闻职业道德和专业规范，具有专门的知识和技能，并追求高度的新闻职业精神和专业水准，包括忠于事实、客观公正、防止误导受众或新闻侵权，或被利益集团不当利用。

（4）新闻工作者要坚持真实性原则，能排除各种干扰，包括主观性的干扰、传播者利益的干扰和社会环境的干扰。

实践中，新闻传播的"纯客观"是很难达到的。但主观性难以避免并不等于可以取消客观的要求，更不应成为滑向主观主义的借口。应把客观作为一种追求，一种努力的方向，一种无法完全达到但可以更加逼近的目标。这种追求甚至还能突破报道者的思想局限和偏见。[①] 对新闻专业主义也当作如是观。

新闻专业主义有助于明确职业理念，树立职业精神，加强职业规范，提升专业水准，也有助于提高新闻工作者的职业地位，调节他们与社会的关系。

在我国，我们不仅要使新闻报道真实全面、客观公正、富有新闻价值，要使新闻媒介发挥信息传递、意见交流、舆论监督等作用，要使新闻机构实现采编和经营分开，提升职业道德和职业精神，更要使新闻传媒做好党和政府的喉舌，宣传党的方针政策、国家的建设成就、社会的先进典型，等等，我们还要探索有中国特色的新闻专业主义理论和实践。

数字化传播的发展给新闻专业主义也带来了新的挑战和机遇。一方面，传媒竞争加剧，专业主义的理想追求与迎合市场的实际需求之间矛盾加深；同时，大量业余的或不够专业的新闻夺走了许多人的眼球。另一方面，专业要求的实现有了许多新的手段，如新的既丰富又便捷的信息来源，包括大数据挖掘和向受众征集；同时，一些专业水准高的新闻获得了更多的传播机会。

---

① 谢金文. 新闻学导论［M］. 北京：清华大学出版社，2014：55.

不过从字面上来看,"主义"是指人们十分推崇的观点、主张、理论、学说或理想,往往具有极强的排他性,被强力推行。而倡导新闻专业精神则无此问题。

在人人都可方便地面向公众进行传播的时代,许多传播者不知、不顾新闻传播的重要作用,使不专业的和不够真实、全面、客观、公正的内容到处泛滥。此时专业的内容就显得更加可贵,而且具有榜样引领作用。

可是在"后真相"的效应下,专业的新闻传播内容往往并不受市场待见,成本反而更大。这时,坚持新闻专业精神的难度就更大,需要科学认识、合理把握工具理性与价值理性、商业原则与社会原则的关系。

(三) 工具理性服从价值理性

移动传播使个性化需求能被及时发现和满足。大数据、云计算、算法推送、人工智能都被用来实现这种发现和满足。于是工具理性大行其道,价值理性似乎黯然失色了。其实工具总是按照一定的要求运行的,工具理性中总是蕴含着、渗透着一定的价值理性。只是在不同人的手里,所运用的是不同的价值理性,即在不同的价值理念下使用工具。因此我们要做的,不是排斥工具理性,而是要将其置于社会效益第一的原则之下。

(四) 商业原则服从社会原则

移动传播把人们信息需求的满足渠道,与交友、出行、购物等其他需求的满足渠道,都融合在了移动传播终端,满足需求的商业原则,也成了满足信息需求过程中的通行原则。

所谓商业原则,就是以价值规律为基础的利润原则,谋求利润的最大化。新闻信息及其媒介可通过提高使用价值和方便性,取得较高的交换价值——在市场上表现为交换价格。

商业原则能促使传媒机构提供更有价值的、更能得到受众和广告客户青睐的产品和服务,同时尽力提高效率、降低成本、方便顾客、扩大市场份额。从而带来媒介质量、服务水平和经营管理水平的提高,经济效益与社会效益的相互促进。

新闻传播应以社会效益为主要追求,奉行利国利民的社会原则。这也是新闻专业精神的出发点和根本目的。而商业原则却会引导传媒以商业价值为重,产生许多副作用。除了片面追求经济效益带来的有偿新闻等问题,商业原则还会带来以下问题。

(1) 奉行"多数原则",即尽可能以多数人为目标受众,迎合目标受众中的多数人。而多数人中又有许多不适当的需求。即使其中有的需求不是多数人的,但是对相关种类的媒介或版面、栏目而言，也是受众中的多数人。于是会带来媒介的低俗化、娱乐化、炒作化等问题。

（2）助长强者更强、弱者更弱的"马太效应"。传媒机构为了提高自己媒介的市场价值，会倾向于把传播内容面向具有较大购买力者，以获取较高的广告收入。这会给困难群体带来享用媒介资源和服务方面的落差，获取信息和机会的不平等。

因此，传媒机构要将社会效益放在首位。同时，要充分认识新闻传播商品性和商业原则的利弊，利用其积极作用，促进传媒的改进提高和发展壮大，同时防止其消极影响，采用法律的、行政的、经济的、社会的、思想教育的力量和方法，进行规范和引导。

（五）提高媒介素养和新闻素养

媒介素养就是对传播媒介的认识和利用方面的素养，现在尤其是关于新兴的移动传播媒介的素养。传播者和接收者都要了解传播媒介的特点，包括各种媒介的利弊，正面和负面效应，如社交媒介带来的"信息茧房"和"意见回音壁"现象，自觉地趋利避害。

新闻素养就是对新闻及其传播媒介的认识和利用方面的素养，包括：认识新闻是什么；认识新闻的作用；认识新闻与宣传的区别和联系；认识新闻传播的要求，能知新闻的优劣；了解新闻生产，认识新闻质量的影响因素；认识新闻媒介；对新闻传播的利用。

媒介素养和新闻素养不仅能让人们更好地利用新闻传播及其媒介，还能优化传媒体制、新闻体制和媒介质量。现在，媒体受众、移动用户对新闻传播及其媒介的影响、诱导作用越来越大，这种作用既可降低传播内容的格调，消解媒介的积极作用，也可反之，使传媒的经济效益与社会效益相辅相成。

新闻专业精神的倡导、社会原则的落实，需要体制机制的保障，也需要社会各方面的支持，包括新闻传播学界、业界、领导管理层和普通受众。这也需要提高全社会的媒介素养和新闻素养。

第四节 移动时代的价值观传播

价值观的传播过程，就是价值观被更广泛地了解、更深入地理解、更自觉地接受的过程。首先要有正确的价值观，能被广泛认同。然后要有有效的传播，以及对这种传播的科学评估。这些都需要认真地讨论，乃至辩论、争论。在移动传播、社交媒介时代，这种传播更需要尊重、利用新闻规律和传播规律。

一、价值观

价值是有益性及其表现形态。某人某事有价值，就是有一定的有益性，其价值越大，就是有益性越大。平等、自由、文明、和谐等都是有益性的表现形态。价值衍生出是非标准，行为原则，努力方向。

所谓"观"，是指对事物的根本看法，如世界观、价值观、人生观。价值被认同，就形成价值观；信仰被接受，也形成价值观。有的价值观是核心的，其周围可有一系列衍生的或相关的价值观。

人们较易接受符合自己切身利益的价值观。其中有的符合自己的长远、根本利益，甚至也符合他人利益，如公平、勤奋；有的则未必符合他人利益，如损人利己。

二、价值观的传播

价值观的传播对个人发展、国家治理和国际关系都有深远影响，值得高度重视。2014年12月，中国传媒大学举行了"社会主义核心价值观传播"研讨会，"新媒体时代社会主义核心价值观的传播机制创新研究"被列入2017年度国家社会科学基金项目课题指南。

价值观的教育、宣传和实践活动都是传播、弘扬优秀传统文化，借助流行文化也可在某种程度上传播价值观，新媒体给价值观的传播带来许多机遇和挑战。各种传播都要尊重、利用新闻规律和传播规律。

（一）尊重、利用新闻规律

传播价值观，清晰明确的说理自不可少，发挥信仰的作用也是很有效的。然而事实胜于雄辩，随着科学、理性的发展和新媒体的普及，说理和信仰都越来越需要事实的基础，真实、客观、全面地反映事实，对于传播、培育正确的价值观日益重要。

这样的反映事实，正是新闻传播的基本要求。要提高我们的新闻素养，就是提高对新闻及其传播媒介的认识和利用方面的素养。认识包括对新闻是什么、有什么作用的了解，对新闻传播要求和生产过程的了解；利用包括制作、发布和选择、使用方面的利用。

价值观传播的组织、领导和实施者都要提高新闻素养，更好地尊重和利用新闻规律，使新闻生产、传播活动的原则与要求尽可能符合和体现新闻规律，如要求真实、全面、客观、公正、有新闻价值，而不能相反。

（二）尊重、利用传播规律

传播规律包括传出规律和接收规律。这方面现在与过去的最大不同是传播媒介的变化，主要媒介由传统媒体变为了新媒体，目前还越来越多地转向了移动智能媒体。这使过去的传播者主动变为了接收者主动，过去传播思想观念的灌输方法，在选择余地几乎无限、选择成本空前降低的移动媒介时代，内容难以被选择和接受，百花齐放、百家争鸣，各种不同意见的交流、讨论乃至辩论、争论，应是更为有效的方法。

总而言之，现在比以往更需要以事实为基础，用人们容易接受的方式方法，达到潜移默化的效果。

（三）传播的评估

对传播的评估可以为了解、改进、资助、奖惩传播提供依据。过去主要对传播的数量、内容等进行统计和主观评价，然而传播出去了不等于接受了、产生效果了。

现在可更多地利用对接收者的调查和大数据，进行客观化的评估，包括考察接收者对媒介及其内容的选择和使用、认知度、接受度、满意度、追随度，以及注意、认知、思想、情感、态度、行为的强化、弱化和转变。

客观评估依据调查统计和测试，听起来可靠准确，比较科学。然而调查统计和测试的每个环节，从问题设计、对象选定到实施过程、数据分析，都是由人操作和参与的，难免带有主观的有意或无意影响。只要其中任何一个环节有误，都可能差以毫厘，失之千里。例如，问题有诱导性，调查对象缺乏代表性，调查人员和被调查者粗心大意或弄虚作假，分析考虑不周或逻辑不严等。客观评估的不当，会以其客观、科学的面目让人更难辨认。

尤其要防范故意而为之的不客观，利用上述可导致不客观的因素，设法拿出一个符合主观预设的结果，用以证明领导正确、工作有效，等等。因此，一要由专业人员进行评估，二要由诚信度高的独立第三方机构进行评估，比如著名高校专业团队。舆情调查、国情调查等也需如此。

第五节　移动新闻传播力和影响力

传播力使传播的内容被传导，影响力使传播的内容被接收。新闻传播力和影响力很大程度上取决于新闻媒介自身。新闻媒介的传播能量和有效性决定其传播力，进而带来竞争力和影响力。新媒体、移动传播使新闻及其媒介的传播力和影响力变得不确定，使传播能量下降，有效性有所上升。

一、新闻传播力

关于传播力有种种说法。[①] 一般认为传播力是一种能力，其主要表征是传播效果。力和能力还是有区别的，效果也可细分为到达率和接收度。传播力是实现有效传播的力量，体现了传者能力，可用到达率来衡量。

传播是从信息源、传播者、内容、媒介、接收者到产生效果乃至引起反馈的过程，传播力不仅仅是传送的力量，还是传播能量和传播有效性的乘积。

这里的有效性表现为到达率，如报刊的阅读率、广播电视的收听收视率、网络媒体的点击率，而不仅仅是报刊发行量、广播电视覆盖率等。至于到达后接收者有无入脑入心，产生了多大的社会效益，则属于影响力的范畴。

从传播的主体来看，有政府和其他各种组织、团体、社会机构甚至个人的传播力，下面主要来看新闻媒介的传播力。

（一）传播的能量

传播能量取决于传播者。因素有：①传播实体——机构及其人员；②硬件——设施和装备，其提升对各大竞争主体来说并不太难，但其利用率则会有很大的差异；③经营和管理能力等，表现为传播的数量和速度、广度和深度、密度和频度。

新媒体不仅有几乎无限的传播容量、时空和手段，而且有几乎无限的一级、二级、多级传播者，其方便性也大大加强了传播能量。新媒体融合了人际传播、群体传播、大众传播，融合了报刊、广播电视、网络媒体等多种媒介，使新闻传播、新闻媒介的传播力和影响力可借助其融合平台上的其他传播、其他服务。

[①] 郭尚源，谭天. 政府网络传播研究综述［J］. 岭南传媒探索，2018（1）：19.

传播能量并不等于传播力和影响力。有时虽传出去了，但并没有被接收，如许多单位订阅的报纸并没有被打开，许多网上的内容并没有被网民点击。

（二）传播的有效性

传播的有效性很大程度上取决于传播媒介的质量和声誉、传播的方式和方法，同时又与传播环境，包括接收方的因素相关，最终表现为到达率、吸引力、说服力、感染力和影响力。

1. 媒介质量和声誉

新闻媒介的质量主要取决于内容和形式，也包括制作、传输质量。

新闻媒介的内容质量包括专业性、正确性和针对性。专业性主要来自新闻专业化、评论内行化，如信息量大、新闻价值大，全面、客观、公正程度高，可靠性、深刻性、有用性强。

任何内容都有形式，新闻媒介的形式质量主要表现为可读（视、听）性。

新闻媒介的传播效果要通过不同的人而产生，内容和形式的针对性也是媒介质量的因素。这种针对不仅仅是迎合，还包括引导和创造受众需求。移动时代的传播对象可比以前更加细分化，从而产生更有针对性的传播质量和影响力。

新闻媒介的制作、传输质量除了一般而言的清晰度高、失误率低，还包括符合接收者的接受习惯。

新闻媒介的传播有效性和影响力还受制于媒介声誉，包括公信力、权威性、美誉度。它们主要由媒介的总体质量带来，也受制于服务、营销水平。

2. 传播方式和方法

传播方式的快速化、专门化、互动化、定制化等，都可提高传播的有效性。传播方法、技巧包括摆事实和讲道理、先入为主和后发制人、因势利导和欲擒故纵，等等，适当选用也可提高有效性。

3. 传播环境

传播的宏观环境——自然、人口、政治、经济、文化、社会、国际等大环境，对传播的到达率和效果都会有很大影响。

传播的微观环境——市场、中介机构、竞争者、受传者等，对传播的有效性更是有直接影响。

仅接收者的因素，就有身份、经济、文化、思想、心智、能力、性格、形象、需求、经验、传媒素养等差异。媒介质量、传播方式方法的好坏，影响力的有无，都是因人、因时、因地而异的，对一个不识字的人而言，再好的文字也没有传播力和影响力,远不如一幅简单的图画有质量。其他传播情况也是如此。因此有效传播的能力,应当包括能因人、因时、因地制宜地传播。

新闻媒介传播力主要因素如图4-1所示。

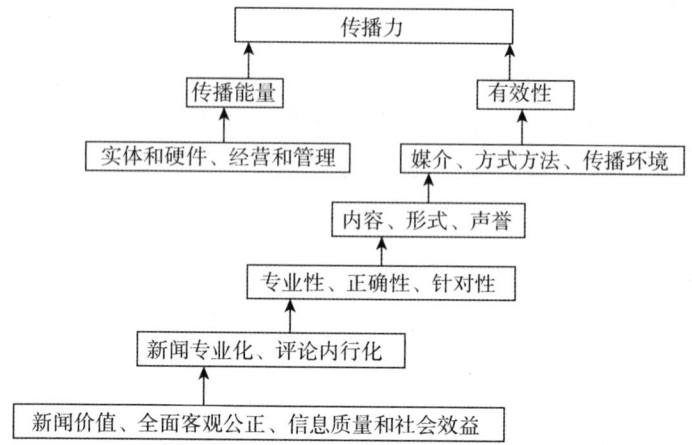

图4-1 新闻媒介传播力主要因素

图4-1中构成传播力的各项因素,可成为考察、测量传播力的具体指标。而如果仅用一个指标来综合反映传播力,则可以是传播的到达率。

二、新闻影响力

影响一般是指弥漫、无形、间接的作用,例如,一系列的影响、潜移默化的影响、广泛而深远的影响。影响有好的和坏的,或对某些人是好的,对另一些人是坏的,或某些人认为是好的,另一些人认为是坏的。影响有直接的和间接的,有对个人、群体、组织和社会的。

新闻媒介的影响力就是对各种人和事(包括人群、组织机构、社会现象和活动等)产生影响的作用力,直接表现为强化、弱化或改变传播对象的注意和认知、思想和情感、态度和行为,进而影响到人的各种素质和能力,社会的各个层面和领域。[①]

影响力的前提性要素是传播力,传播只有到达了传播对象,才有可能产生影响力。当然,如果止步于信息到达之前,则还没产生相应的影响力。

因此,影响力还要在传播力的基础上继续向前发力,使传播不仅被接收,而且被真正接受,产生一定的影响效果。因此影响力的构成除了传播力,还有构成传播媒介质量的从内容到形式的一系列元素。

---

① 谢金文. 新闻学导论 [M]. 北京:清华大学出版社,2014:138.

不能仅把传播力作为影响力的测评指标，更要用接受度，包括强化、弱化或改变注意和认知、思想和情感、态度和行为的程度。

新闻媒介的影响力不是强制性的，但又可以胜似强制性的。如媒介监督可产生很大的舆论压力，使得不法分子不敢为非作歹。

三、新媒体、移动传播与新闻传播力和影响力

（一）新媒体与新闻传播力和影响力

数字化新媒体不仅提升了新闻媒介的传播能量和有效性，还使各种新闻媒介的传播力和影响力在总体格局中的地位重新洗牌。传统媒体受到冲击，新媒体夺人眼球，微博等"自媒体"异军突起，移动互联网已经成为信息传播主渠道。

新媒体的使用还带来许多新功能，如社交功能、长尾效应，这些都提升着传播力和影响力。内容和形式高度贴近传播对象的个性化需求，也是许多新媒体的传播力、影响力较强的重要原因。

新闻媒介的使用成本中，时间和精力占很大比重，方便性十分重要。我国一些商业性网站或App，尽管缺乏第一手重要新闻的采访条件，其新闻内容的点击率仍很高，很大程度上是由于用户同时在使用它们的其他服务。

（二）移动传播与新闻传播力和影响力

移动传播具有多级化、分享化、社交化、接收者主动化等特点，而且人际传播与群体传播、大众传播融合在一起，新闻传播与移动终端的各种其他传播乃至购物、娱乐等融合在一起，传播力受到各种其他因素的影响，包括平台的有用性、内容的社交性、用户的心理因素等。于是，首先，传播能量的作用有所下降，有效性的作用有所上升。传播的覆盖面再广、频度再高，若得不到移动用户通过转发、评论等各种形式的再扩散，其传播范围仍有限。其次，传媒声誉的作用有所下降，专业人士的作用有所上升。人们得到的信息往往是经过了一再的、多级的传播，不是来自始发的传媒，原始出处还往往无从查考，人们更关注内容本身和转发者、评论者的可信度。最后，时宜性、重复性等宣传要求的作用有所下降，新闻价值的作用有所上升。移动用户包括信息的扩散者和主动选择者，一般不考虑信息扩散和接收的时宜性，也基本不会主动重复。而新闻价值是受传者追逐的对象，移动传播大大方便了追逐者，也就大大提高了追到的可能性。

参 考 文 献

[1] 李良荣. 新闻学概论［M］. 上海：复旦大学出版社，2001.

[2] 谢金文. 中外新闻传播史纲要［M］. 北京：北京大学出版社，2013.

[3] 谢金文. 新闻学导论［M］. 北京：清华大学出版社，2014.

[4] 谢金文. 新闻媒介语社会［M］. 北京：北京大学出版社，2015.

[5] 谢金文. 新闻学三维新论［M］. 上海：上海交通大学出版社，2016.

[6] 陈昌凤，石泽. 技术与价值的理性交往：人工智能时代的信息传播［J］. 新闻战线，2017（9）：71-74.

[7] 郝永华，阎睿悦. 移动新闻的社交媒体传播力研究——基于微信订阅号"长江云"数据的分析［J］. 新闻记者，2016（2）：40-47.

[8] 栾萌飞，薛可. 基于5W模式的短视频新闻传播特征研究——以梨视频为例［J］. 新闻研究导刊，2016，7（24）：40.

[9] 王茜. 打开算法分发的"黑箱"——基于今日头条新闻推送的量化研究［J］. 新闻记者，2017（9）：7-14.

[10] 王思宇，薛可. 试析微信社交群内的新闻传播现象［J］. 新闻传播，2017（5）：14-15.

[11] 谢新洲，刘京雷，安静. 用户特征对微信信息发布的影响［J］. 新闻与写作，2015（11）：34-38.

[12] 伊士国，尚海龙. 论微博问政的法律规制［J］. 新闻爱好者，2015（11）：53-55.

[13] 展江. 新闻频道：先更新理念后制度创新［J］. 南方电视学刊，2003（4）：10-13.